Tortenkunst

Tortenkunst

Dr. Oetker Verlag

Vorwort

Deutschland sucht den Tortenstar? Hier ist er! Und zwar in vielen verführerischen Variationen. Ob Mikadotorte, Whoopie-Türmchen, Bunter Bubble-Hupf oder Marshmallow-Torte – mit diesen verrückten Ideen werden Sie garantiert für glamouröse Auftritte und verführerische Genüsse sorgen. Alle Rezepte sind ganz neu und gar nicht sooo schwierig.

Trauen Sie sich ruhig an diese kleinen Kunstwerke heran. Sie sind eine lohnenswerte Herausforderung und eine ultimative Versuchung für alle Sinne. Sie müssen nur eine wirkliche Hürde nehmen: Um sie genießen zu können, muss man diese wunderschönen Tortenstars Stück für Stück anschneiden. Aber dann steht der süßen Verzauberung nichts mehr im Wege. Viel Spaß!

Klassisch & verrückt

Sie mögen es schräg, rosa oder fruchtig? Dann werden Sie begeistert sein von den verrückten Interpretationen klassischer Kuchenrezepte. Mit wenigen Mitteln werden Torten zu kleinen Kunstwerken. Sie sind so schön, dass es richtige Überwindung kostet, sie anzuschneiden. Aber dann werden Sie und Ihre Gäste mit einem umwerfenden Geschmackserlebnis belohnt.

Doppelter Zebrakuchen

120 g Zartbitter-Kuvertüre

Für den Teig:
370 g Butter (zimmerwarm)
1 Prise Salz
150 g Zucker
150 g Puderzucker
8 Eier (Größe M)
600 g Weizenmehl
4 gestr. TL Dr. Oetker Backin
50 g Schlagsahne
30 g Kokosraspel
10 ml Rum
50 g abgezogene, gem. Mandeln
10 g gesiebtes Kakaopulver
50 g Zartbitter-Raspelschokolade
20 ml Rum

Für die Aprikosenglasur:
200 g Aprikosenkonfitüre
2 EL Zucker
2 EL Wasser

Für die Schokoladenglasur:
150 g Zartbitter-Kuvertüre
100 ml Wasser
180 g Zucker
1 TL Glukosesirup
(Feinkostabteilung)

Zubereitungszeit: 80 Minuten, ohne Abkühlzeit
Backzeit: etwa 2 Stunden

• Einen Bogen Alufolie in eine Tarteform legen. Einen flexiblen Tortenring mit 9 cm Höhe auf 18 cm Durchmesser ausziehen. Den Tortenring in die mit Alufolie belegte Form stellen, die überstehende Folie zum Ring hin einrollen und andrücken. Den Backofen vorheizen. Ober-/Unterhitze: etwa 160 °C, Heißluft: etwa 140 °C.

• Kuvertüre in kleine Stücke hacken, in einem kleinen Topf im Wasserbad bei schwacher Hitze unter Rühren schmelzen. Den Topf aus dem Wasserbad nehmen und die Kuvertüre abkühlen lassen.

• Für den Teig Butter und Salz in eine Rührschüssel geben und mit der Küchenmaschine (Rührstäbe) etwa 3 Minuten schaumig schlagen. Nach und nach Zucker und Puderzucker unterrühren. So lange rühren, bis eine gebundene Masse entstanden ist. Eier nach und nach unterrühren (jedes Ei etwa ½ Minute). Mehl mit Backpulver mischen, abwechselnd mit der Sahne in 2–3 Portionen kurz auf mittlerer Stufe unterrühren. Ein Drittel des Teiges (etwa 550 g) abnehmen und in eine zweite Rührschüssel geben, Kokosraspel und Rum unterrühren. Den restlichen Teig mit Mandeln, der geschmolzenen Kuvertüre, Kakao, Raspelschokolade und Rum verrühren.

• Etwas von dem hellen Teig als dünne Schicht an die Innenseite des Tortenrings streichen. Etwas von dem dunklen Teig esslöffelweise darauf verteilen und glatt daran hochstreichen. Wieder etwas von dem hellen Teig daran hochstreichen. So weiter verfahren, bis beide Teige aufgebraucht sind. Die Teigoberfläche glatt streichen.

• Die Form auf dem Rost in den vorgeheizten Backofen schieben. Den Kuchen **etwa 2 Stunden backen.** Die Form auf einen Kuchenrost stellen, den Kuchen in dem Tortenring erkalten lassen. Dann den Tortenring lösen und entfernen. Die Oberfläche evtl. gerade schneiden.

• Für die Aprikosenglasur Konfitüre mit Zucker und Wasser in einem Topf unter Rühren zum Kochen bringen, 1–2 Minuten kochen lassen und anschließend durch ein Sieb streichen. Den Kuchen mit der heißen Glasur bestreichen, Glasur antrocknen lassen.

• Für die Schokoladenglasur Kuvertüre fein hacken. Wasser, Zucker und Glukosesirup in einem Topf unter Rühren aufkochen lassen, so lange rühren, bis der Zucker aufgelöst ist. Den Topf von der Kochstelle nehmen. Klein gehackte Kuvertüre in das Zuckerwasser geben und unter Rühren schmelzen lassen. Die Glasur dickflüssig abkühlen lassen. Den Zebrakuchen mit der Schokoladenglasur überziehen. Glasur fest werden lassen.

Konfetti-Torte

Für das Gelee-Konfetti:
7 Blatt weiße Gelatine
250 ml Orangensaft
20 g Zucker
250 ml Sauerkirschnektar

Für den Teig:
4 Eier (Größe M)
80 g Zucker
100 g Weizenmehl
10 g Speisestärke
1 winziger Tupfen rote Speisefarbpaste

Für die Füllung:
10 Blatt weiße Gelatine
400 g Schlagsahne (32 % Fett)
500 g Joghurt (3,5 % Fett)
100 g Zucker
1 Pck. Dr. Oetker Vanillin-Zucker
2–3 EL Zitronensaft

Zubereitungszeit: 70 Minuten, ohne Kühlzeit (mind. 10 Stunden)
Backzeit: etwa 13 Minuten je Backblech

- Für das Konfetti Gelatine nach Packungsanleitung einweichen. 3 Esslöffel Orangensaft erwärmen. Eingeweichte Gelatine ausdrücken, unter Rühren in dem erwärmten Orangensaft auflösen, Zucker unterrühren. Gelatineflüssigkeit mit dem restlichen Orangensaft verrühren, Nektar unterrühren. Etwa 6 Esslöffel von dem Saftgemisch in einen tiefen Teller geben. Restliches Saftgemisch in eine Schüssel gießen. Teller und Schüssel zugedeckt mindestens 4 Stunden in den Kühlschrank stellen. Den Backofen vorheizen. Ober-/Unterhitze: etwa 180 °C, Heißluft: etwa 160 °C.

- Für den Teig Eier mit einem Mixer (Rührstäbe) auf höchster Stufe in 2 Minuten schaumig schlagen. Zucker in 1 Minute unter Rühren einstreuen, weitere 4 Minuten schlagen. Mehl mit Speisestärke mischen, kurz auf niedrigster Stufe unterrühren. 3 Esslöffel von dem Teig abnehmen, mit roter Speisefarbpaste verrühren, in einen kleinen Gefrierbeutel füllen, Ecke abschneiden.

- Ein Drittel des restlichen Teiges auf einem Backblech (mit Backpapier belegt) zu einer runden Platte (Ø etwa 24 cm) verstreichen. Restlichen Teig auf ein zweites Backblech (mit Backpapier belegt) geben, zu einem Rechteck (etwa 18 x 35 cm) verstreichen. Aus dem roten Teig Punkte auf den hellen Teig (Rechteck) spritzen. Die Backbleche nacheinander (bei Heißluft zusammen) in den vorgeheizten Backofen schieben. Das Gebäck **etwa 13 Minuten je Backblech backen.**

- Gebäckplatten erkalten lassen, Platten umdrehen, mitgebackenes Backpapier vorsichtig abziehen, dabei die braune Haut mit entfernen. Die runde Gebäckplatte auf eine Tortenplatte legen. Einen flexiblen Tortenring mit 9 cm Höhe auf 22 cm Durchmesser ausziehen, auf die Gebäckplatte setzen, fest herunterdrücken, Gebäckrand damit glatt ausstechen. Aus der rechteckigen Platte 2 Streifen (je 8 x 34 cm) schneiden, mit der Punkteseite nach außen an die Innenseite des Tortenrings stellen. Die überlappenden Biskuitenden abschneiden.

- Für die Füllung Gelatine nach Packungsanleitung einweichen. Sahne cremig steif schlagen. Joghurt mit Zucker und Vanillin-Zucker glatt rühren. Gelatine ausdrücken, bei schwacher Hitze unter Rühren auflösen. Joghurt nach und nach unter die Gelatine rühren, Sahne unterheben. Creme mit Zitronensaft abschmecken.

- Die Schüssel mit dem Gelee kurz in heißes Wasser tauchen, auf ein kalt abgespültes Schneidbrett stürzen, in kleine Stücke schneiden, unter die Creme heben. Creme in dem Tortenring glatt verstreichen. Torte zugedeckt mindestens 6 Stunden in den Kühlschrank stellen. Den Teller mit dem Gelee wie zuvor beschrieben stürzen, klein würfeln und als Konfetti auf der Torte verteilen. Torte bis zum Servieren in den Kühlschrank stellen.

Nougat-Kugelkuchen

150 g Nougat

Für den Teig:
300 g Butter (zimmerwarm)
250 g Zucker
1 Pck. Dr. Oetker Bourbon-Vanille-Zucker
7 Eier (Größe M)
100 g Schlagsahne
300 g Weizenmehl
4 gestr. TL Dr. Oetker Backin
200 g abgezogene gem. Mandeln
1 EL gesiebtes Kakaopulver
63 Pralinen-Hohlkörper, Zartbitter

Zum Garnieren:
1 Eiweiß (Größe M)
130 g Puderzucker
gelbe Speisefarbpaste

Zum Bestreichen:
150 g Aprikosenkonfitüre
2 EL Wasser
40 g Zucker

Für den Guss:
150 g Puderzucker
1 TL gesiebtes Kakaopulver
etwa 4 EL Rum

Außerdem:
1 EL Butter (zimmerwarm)
2 EL Weizenmehl

Zubereitungszeit: 60 Minuten, ohne Abkühl- und Trockenzeit (mind. 5 Stunden)
Backzeit: etwa 60 Minuten

• Eine Gugelhupfform (Ø 24 cm) mit Butter ausstreichen und mit Mehl ausstreuen, überschüssiges Mehl abklopfen. Die Form in den Kühlschrank stellen. Den Backofen vorheizen. Ober-/Unterhitze: etwa 170 °C, Heißluft: etwa 150 °C. Nougat in einer Schüssel im Wasserbad bei schwacher Hitze unter Rühren schmelzen.

• Für den Teig Butter in einer Rührschüssel mit dem Mixer (Rührstäbe) auf höchster Stufe cremig schlagen. Zucker und Vanille-Zucker mischen, hinzugeben und weitere 4 Minuten schlagen. Eier und Sahne nacheinander kurz unterrühren. Mehl mit Backpulver und Mandeln mischen, in 3 Portionen kurz auf mittlerer Stufe unterrühren. Von dem Teig 270 g abnehmen, mit Kakao und 100 g geschmolzenem Nougat mischen. Restliche Nougatmasse in einen kleinen Gefrierbeutel füllen und beiseitelegen. Den Nougatteig in einen Spritzbeutel mit Lochtülle (Ø 10 mm) füllen und in 55 Pralinen-Hohlkörper spritzen (Step 1).

• 4 Esslöffel des hellen Teiges auf dem Boden der vorbereiteten Gugelhupfform verstreichen und am Rand etwas hochziehen. Schokoladenkugeln mittig in den Teig legen (Step 2). Dann wieder 4 Esslöffel des hellen Teiges darauf verteilen und den Teig am Rand etwas hochziehen. Weitere Schokoladenkugeln daraufgeben und so fortfahren, bis alle Kugeln und der Teig aufgebraucht sind. Die Form auf dem Rost in den vorgeheizten Backofen schieben. Den Kugelkuchen **etwa 60 Minuten backen.** Zum Garnieren in der Zwischenzeit das Eiweiß verschlagen, die Hälfte davon mit Puderzucker und sehr wenig Speisefarbpaste zu einem dickflüssigen Guss verrühren. (Restliches Eiweiß anderweitig verwenden.)

• Den Guss in ein Spritztütchen oder einen Gefrierbeutel füllen und eine Spitze abschneiden. 8 „Flammen“ von etwa 4 cm Länge auf ein Stück Backpapier spritzen und mindestens 3 Stunden trocknen lassen. Restlichen Zuckerguss mit einigen Tropfen Wasser zu einem etwas dünneren Guss verrühren, in einen Gefrierbeutel füllen und beiseitelegen. Die Form auf einen Kuchenrost stellen. Den gebackenen Kugelkuchen etwa 15 Minuten in der Form stehen lassen, dann aus der Form auf einen Kuchenrost stürzen. Kugelkuchen erkalten lassen.

• Zum Bestreichen Konfitüre mit Wasser und Zucker in einem Topf unter Rühren etwa 2 Minuten kochen lassen. Den Kugelkuchen damit bestreichen und erkalten lassen. Für den Guss Puderzucker mit Kakao und Rum glatt rühren. Den Kugelkuchen damit bestreichen. Den beiseitegelegten gelben Guss als Linien in den dunklen Guss spritzen. Die restlichen 8 Pralinen-Hohlkörper mit dem beiseitegelegten, geschmolzenen Nougat füllen. Die getrockneten Flammen vom Backpapier lösen und in die Hohlkörper stecken (Step 3). Die Kugel-Flammen auf den Gugelhupf in den weichen Guss drücken. Guss trocknen lassen.

1
2
3

Rosa Rolle

Für den 1. Biskuitteig:
4 Eier (Größe M)
80 g Zucker
1 Pck. Dr. Oetker Vanillin-Zucker
90 g Weizenmehl

100 ml Orangensaft

Für den 2. Biskuitteig:
4 Eier (Größe M)
1 Msp. Speisefarbpaste, rot
80 g Zucker
1 Pck. Dr. Oetker Vanillin-Zucker
90 g Weizenmehl

Für die Füllung:
200 g TK-Himbeeren
250 g Mascarpone (ital. Frischkäse)
250 g Buttermilch
1 Pck. Gelatine fix (2 Beutel)
60 g Zucker

knapp 1 EL Eiweiß
(Größe M, vom 1. Teig)
je 1 Msp. Speisefarbpaste, rot und violett
50 g Zucker
120 g Aprikosenkonfitüre

Zubereitungszeit: 70 Minuten,
ohne Auftau- und Kühlzeit (mind. 1 Stunde)
Backzeit: etwa 10 Minuten je Backblech

- Den Backofen vorheizen. Ober-/Unterhitze: etwa 180 °C, Heißluft: etwa 160 °C.

- Für den 1. Teig ein Ei trennen, das Eiweiß verschlagen, knapp einen Esslöffel davon in einer Tasse zugedeckt in den Kühlschrank stellen. Restliches Eiweiß mit dem Eigelb und restlichen Eiern in einer Rührschüssel mit dem Mixer (Rührstäbe) 1 Minute schaumig schlagen. Zucker mit Vanillin-Zucker mischen, in 1 Minute einstreuen, weitere 4 Minuten schlagen, bis ein elastischer Schaum entstanden ist. Mehl kurz auf niedrigster Stufe unterrühren. Den Teig auf ein Backblech (30 x 40 cm, mit Backpapier belegt) streichen. Das Backblech in den vorgeheizten Backofen schieben. Die Biskuitplatte **etwa 10 Minuten backen.**

- Die Biskuitplatte vom Backblechrand lösen, sofort auf ein mit Zucker bestreutes Backpapier stürzen. Mitgebackenes Backpapier vorsichtig abziehen. Biskuitplatte gleichmäßig mit 50 ml Orangensaft beträufeln und mit dem gezuckerten Backpapier aufrollen, erkalten lassen.

- Für den 2. Teig die Eier mit der Farbpaste wie unter Punkt 2 beschrieben schaumig schlagen. Mit den restlichen Zutaten für den Teig wie beschrieben zubereiten, backen, stürzen, mit restlichem Orangensaft beträufeln, aufrollen und erkalten lassen.

- Für die Füllung Himbeeren auftauen lassen, fein pürieren und anschließend durch ein Sieb streichen. Mascarpone und Buttermilch in einer Rührschüssel glatt rühren, Himbeerpüree unterrühren. Gelatinepulver hinzugeben und sofort mit dem Pürierstab untermixen, Zucker unterrühren. Die Creme evtl. kurz in den Kühlschrank stellen, damit sie zu gelieren beginnt.

- Die Biskuitrollen auf der Arbeitsfläche abrollen. Die Himbeercreme gleichmäßig auf die Biskuitplatten streichen, Creme etwa 10 Minuten fest werden lassen (evtl. einige Minuten in den Kühlschrank stellen). Die helle bestrichene Platte auf die rötliche, bestrichene Biskuitplatte legen und von der längeren Seite aus aufrollen. Die Rolle auf einen Bogen Backpapier legen, darin fest einwickeln und mindestens 1 Stunde in den Kühlschrank stellen.

- In der Zwischenzeit beiseitegestelltes Eiweiß in einer Schüssel verschlagen. 1 Teelöffel davon abnehmen und mit roter und violetter Speisefarbpaste verrühren, Zucker unterrühren.

- Die Rolle aus dem Backpapier wickeln und auf eine Servierplatte legen. Konfitüre durch ein Sieb streichen. Die Rolle damit bestreichen und mit dem eingefärbtem Zucker bestreuen.

- Die Biskuitrolle mit einem Elektromesser in Scheiben schneiden.

Krokant-Kasten-Torte

Für den Biskuitteig:
8 Eier (Größe M)
120 g Zucker
1 Pck. Dr. Oetker Vanillin-Zucker
120 g Weizenmehl
20 g Speisestärke

Für die Buttercreme:
2 Pck. Dr. Oetker Pudding-Pulver Vanille-Geschmack
1 l Milch (3,5 % Fett)
100 g Schlagsahne
1 Pck. Dr. Oetker Bourbon-Vanille-Zucker
100 g Zucker
50 g flüssiger neutraler Honig

350 g abgetropfte Sauerkirschen (aus dem Glas)
300 ml Sauerkirschsaft (aus dem Glas)
30 g Speisestärke
20 g Zucker
1 TL gem. Zimt

500 g Butter (zimmerwarm)
125 g Haselnusskrokant

Zum Garnieren:
600 g weißer Rollfondant
1–2 Msp. blaue Speisefarbpaste
1 EL Puderzucker
1 EL Speisestärke
200 g Icingpulver
1 winziger Tupfen schwarze Speisefarbpaste

Zubereitungszeit: 2 Stunden, ohne Kühlzeit (mind. 3 Stunden)
Backzeit: etwa 14 Minuten

- Den Backofen vorheizen. Ober-/Unterhitze: etwa 180 °C, Heißluft: etwa 160 °C. Für den Teig Eier mit einem Mixer (Rührstäbe) in 1 Minute schaumig schlagen. Zucker mit Vanillin-Zucker mischen, in 1 Minute unter Rühren einstreuen, weitere 2 Minuten schlagen. Mehl mit Speisestärke mischen, auf die Eiercreme geben, kurz auf niedrigster Stufe unterrühren. Teig auf einem Backblech (38 x 32 cm, mit Backpapier belegt) glatt verstreichen, in den vorgeheizten Backofen schieben und **etwa 14 Minuten backen.** Backblech auf einen Kuchenrost stellen, Biskuitplatte erkalten lassen. Für die Buttercreme Pudding-Pulver mit 125 ml Milch anrühren. Restliche Milch, Sahne, Vanille-Zucker, Zucker und Honig zum Kochen bringen. Angerührtes Pudding-Pulver in die Sahnemilch rühren, unter Rühren aufkochen lassen. Frischhaltefolie auf den heißen Pudding legen, bei Zimmertemperatur erkalten lassen.

- Biskuitplatte auf die Arbeitsfläche stürzen, mitgebackenes Backpapier abziehen. Platte der Länge nach halbieren (38 x 16 cm), die Hälften aufeinanderlegen, die kurzen Enden gerade schneiden, sodass zwei Rechtecke (je 36 x 16 cm) entstehen, daraus 6 Platten (je 16 x 12 cm) schneiden. Fünf Platten nebeneinander auf die Arbeitsfläche legen. Von den Sauerkirschen den Saft auffangen, 300 ml abmessen. 4 Esslöffel Saft mit Speisestärke anrühren. Restlichen Saft, Zucker und Zimt zum Kochen bringen. Angerührte Speisestärke in den Saft rühren, unter Rühren aufkochen lassen, Sauerkirschen unterheben. Sauerkirschmasse auf 5 Platten verteilen, dabei rundherum je einen 1 cm breiten Rand frei lassen, im Kühlschrank erkalten lassen.

- Für die Buttercreme Butter mit dem Mixer (Rührstäbe) etwa 5 Minuten sehr schaumig schlagen. Pudding glatt rühren, esslöffelweise unter die Buttermasse schlagen. Die Hälfte der Creme abnehmen, beiseitestellen (Zimmertemperatur). Unter die restliche Creme Haselnusskrokant rühren. Die Creme in einen Spritzbeutel mit Lochtülle (Ø 15 mm) füllen. Einen Teil der Creme um die Sauerkirschen herum auf die frei gelassenen Biskuitränder spritzen. Restliche Creme gleichmäßig dick auf die Sauerkirschen streichen. Die Platten aufeinanderschichten. Die sechste Biskuitplatte darauflegen. Torte 2 Stunden in den Kühlschrank stellen. Dann beiseitegestellte Buttercreme gleichmäßig auf die Ränder und Oberfläche der Torte streichen. Torte mindestens 1 Stunde in den Kühlschrank stellen.

- Fondant geschmeidig kneten, mit Farbpaste einfärben. 500 g davon zu einer 55 cm langen Rolle formen. Puderzucker und Speisestärke mischen. Rolle und Arbeitsfläche damit bestreuen. Rolle 16 cm breit ausrollen, Ränder gerade schneiden. Fondant auf der Teigrolle aufrollen, am Tortenrand wieder abrollen. Restlichen Fondant zu einem Rechteck (17 x 13 cm) ausrollen, auf die Tortenoberfläche legen. Überstehenden Fondant abschneiden. Fondant rundherum mit einem Fondantglätter an die Creme drücken, glatt streichen. Torte auf eine Platte setzen.

• Icingpulver mit Wasser nach Packungsanleitung zu einer spritzfähigen Glasur aufschlagen, mit Farbpaste leicht einfärben. Glasur in einen Spritzbeutel mit Lochtülle (Ø 5 mm) füllen. Mit einem runden Ausstecher jeweils auf den Seiten und der Oberfläche mittig einen Kreis (Ø etwa 5 cm) markieren. Glasur in Reihen um die Kreise herum aufspritzen. Torte kühl und trocken aufbewahren (nicht im Kühlschrank).

Mandel-Schoko-Kuchen

200 g abgezogene, gem. Mandeln
100 g Butter

Für den Biskuitteig:
7 Eier (Größe M))
180 g Zucker
200 g Weizenmehl
30 g Speisestärke

Für die Buttercreme:
1 Pck. Dr. Oetker Pudding-Pulver Vanille-Geschmack
500 ml Milch (3,5 % Fett)
70 g Zucker
1 Msp. gem. Zimt
250 g Vollmilch-Kuvertüre
100 g Butter (zimmerwarm)

Zum Garnieren:
100 g Zartbitter-Kuvertüre
10 g gesiebtes Kakaopulver
1 TL gem. Zimt

Zubereitungszeit: 70 Minuten, ohne Kühlzeit (mind. 8 Stunden)
Backzeit: etwa 60 Minuten

• Den Backofen vorheizen. Ober-/Unterhitze: etwa 180 °C, Heißluft: etwa 160 °C. Mandeln auf einem Backblech (mit Backpapier belegt) verteilen, in den vorgeheizten Backofen schieben. Mandeln etwa 10 Minuten goldbraun rösten, dabei 1–2-mal wenden. Einen Tortenring mit 9 cm Höhe auf 18–20 cm Durchmesser ausziehen, auf einen Bogen Alufolie setzen. Überstehende Folie zum Ring hin einrollen und fest andrücken. Butter bei mittlerer Hitze bräunen, anschließend auf Zimmertemperatur abkühlen lassen. Das Backblech aus dem Backofen nehmen. Backpapier mit den Mandeln auf die Arbeitsfläche ziehen, Mandeln erkalten lassen. Den vorbereiteten Tortenring auf das Backblech stellen.

• Für den Teig Eier mit einem Mixer (Rührstäbe) etwa 2 Minuten schaumig schlagen. Zucker in 1 Minute unter Rühren einstreuen, weitere 4 Minuten schlagen. Mehl mit Speisestärke mischen, kurz auf niedrigster Stufe unterrühren. Mandeln und abgekühlte Butter mit einem Teigschaber vorsichtig unterheben. Den Teig in dem Tortenring glatt streichen. Das Backblech in den heißen Backofen (untere Schiene) schieben. Den Kuchen **bei gleicher Backofentemperatur etwa 60 Minuten backen.** Evtl. den Kuchen nach etwa 30 Minuten Backzeit mit Backpapier zudecken. Das Backblech auf einen Kuchenrost stellen. Den Kuchen erkalten lassen. Dann den Kuchen aus dem Tortenring lösen, Alufolie abziehen.

• Für die Buttercreme Pudding-Pulver mit 50 ml Milch anrühren. Restliche Milch mit Zucker und Zimt zum Kochen bringen. Angerührtes Pudding-Pulver in die Milch rühren und unter Rühren aufkochen lassen. Topf von der Kochstelle nehmen. Kuvertüre grob hacken, mit der Butter unter den heißen Pudding rühren. Kuvertüre unter Rühren schmelzen. Frischhaltefolie direkt auf die Buttercreme legen, Creme auf Zimmertemperatur erkalten lassen. Den gesäuberten Tortenring auf etwa 24 cm Durchmesser ausziehen und auf eine Tortenplatte stellen. Mandelbiskuit schräg in 1 ½ cm breite Scheiben schneiden. Scheiben nacheinander und umgedreht auf die Arbeitsfläche stapeln. Die Buttercreme glatt rühren und durch ein feines Sieb streichen. 4 Esslöffel der Creme abnehmen, mit Frischhaltefolie zugedeckt beiseitestellen. Restliche Creme zum Einschichten verbrauchen. Dafür die zuletzt abgeschnittene Biskuitscheibe vom Stapel nehmen, umdrehen, etwa ½ cm dick mit Creme bestreichen, mit der bestrichenen Seite nach oben in den Ring legen. Die restlichen Scheiben ebenso bestreichen und in der vorgegebenen Reihenfolge einschichten. Wenn alle Scheiben wieder zu einer Torte eingeschichtet sind, den Tortenring auf etwa 20 cm Durchmesser zusammenziehen. Die Torte zugedeckt etwa 8 Stunden in den Kühlschrank stellen.

• Zum Garnieren Kuvertüre grob hacken, in einem kleinen Topf im Wasserbad bei schwacher Hitze unter Rühren schmelzen. Einen Bogen Backpapier auf die Arbeitsfläche legen. Die Ku-

vertüre daraufgeben, zu einem Quadrat (etwa 25 x 25 cm) verstreichen. Kuvertüre fest werden lassen. Evtl. das Backpapier mit der Kuvertüre auf ein Backblech ziehen, etwa 10 Minuten in den Kühlschrank stellen. Tortenring lösen und entfernen. Beiseitegestellte Creme glatt rühren. Tortenoberfläche und -rand mit der Creme bestreichen. Die fest gewordene Kuvertüreplatte in Stücke brechen, dekorativ auf der Tortenoberfläche verteilen. Kakao und Zimt mischen, in ein feines Sieb geben und über die Torte stäuben.

Poundcake

500 g Rosinen
250 g Korinthen
4 EL Aceto Balsamico (Balsamico-Essig)

Für den Teig:
500 g Weizenmehl (Type 550)
1 gestr. TL Natron
1 gestr. TL Dr. Oetker Backin
250 g Zucker
250 g Butter (zimmerwarm)
1 Ei (Größe M)
150 ml Milch (3,5 % Fett)

Zum Bestreichen:
120 g Aprikosenkonfitüre

Zum Garnieren:
600 g weißer Rollfondant
1 Msp. Speisefarbpaste, schwarz
1 Msp. Speisefarbpaste, himmelblau
1 EL Speisestärke
1 EL Puderzucker
150 g Puderzucker
1–2 EL kaltes Wasser
1 Msp. Speisefarbpaste, schwarz
1–2 TL hellblaue Zuckerperlen

Zubereitungszeit: 60 Minuten, ohne Abkühlzeit (mind. 4 Stunden)
Backzeit: etwa 2 ½ Stunden

• Einen flexiblen Tortenring mit 9 cm Höhe auf 18 cm Durchmesser ausziehen, auf ein Stück Backpapier stellen. Die Seiten hochschlagen, Ecken zusammendrehen, mit Küchengarn umwickeln, festbinden. Den Tortenring in eine Tarteform stellen. Den Backofen vorheizen. Ober-/Unterhitze: etwa 160 °C, Heißluft: etwa 140 °C. Rosinen und Korinthen mit kochendem Wasser übergießen und etwa 2 Minuten stehen lassen, anschließend in ein Sieb geben, mit kaltem Wasser abspülen, abtropfen lassen. Rosinen und Korinthen mit Essig mischen.

• Für den Teig Mehl mit Natron, Backpulver und Zucker in einer Rührschüssel mischen. Butter in kleinen Stücken hinzugeben und mit einem Mixer (Rührstäbe) zunächst kurz auf niedrigster, dann auf höchster Stufe zu feinen Krümeln verarbeiten. Ei und Milch hinzugeben und mit dem Mixer (Knethaken) kurz unterarbeiten. Eingeweichte Rosinen und Korinthen unterkneten. Den Teig in den vorbereiteten Tortenring geben und glatt streichen. Die Form auf dem Rost in den vorgeheizten Backofen schieben. Den Kuchen **etwa 2 ½ Stunden backen.** Den Kuchen nach der Hälfte der Backzeit evtl. mit Backpapier bedecken.

• Die Form auf einen Kuchenrost stellen. Den gebackenen Kuchen in dem Tortenring erkalten lassen. Dann den Kuchen aus dem Tortenring lösen und umgedreht auf eine Platte legen, mitgebackenes Backpapier abziehen. Zum Bestreichen Konfitüre pürieren und kräftig aufkochen lassen. Den Kuchen rundherum damit bestreichen. Zum Garnieren Rollfondant geschmeidig kneten. Schwarze und himmelblaue Speisefarbe unterkneten. Speisestärke mit 1 Esslöffel Puderzucker mischen, in ein feines Sieb geben. Arbeitsfläche und Rollfondant damit bestäuben. Den Rollfondant zu einer etwa 58 cm langen Rolle formen. Die Rolle etwa 4 mm dick ausrollen.

• Ein Stück Spitzenstoff (z. B. Plauener Spitze) darauflegen und mit der Teigrolle darüberrollen und das Muster eindrücken (Step). Aus dem Fondant einen etwa 9 cm breiten und etwa 62 cm langen Streifen schneiden und auf der Teigrolle locker aufrollen. Die Fondantrolle am Kuchenrand abrollen und leicht andrücken. Restlichen Fondant verkneten. Arbeitsfläche und Fondant zwischendurch mit der Stärke-Puderzucker-Mischung bestäuben. Den Fondant wieder ausrollen, eine runde Platte (Ø etwa 20 cm) ausschneiden und auf die Kuchenoberfläche legen.

• Puderzucker mit 1–2 Esslöffen Wasser zu einem zähflüssigen Guss verrühren. Schwarze Speisefarbpaste unterrühren, sodass ein grauer Guss entsteht. Den Guss in ein Papierspritztütchen füllen. Den äußeren Rand und die Oberfläche des Kuchens damit verzieren und mit Zuckerperlen bestreuen. Guss trocknen lassen. Der Kuchen ist aromatischer, wenn er 1–2 Tage vor dem Verzehr gebacken wird.

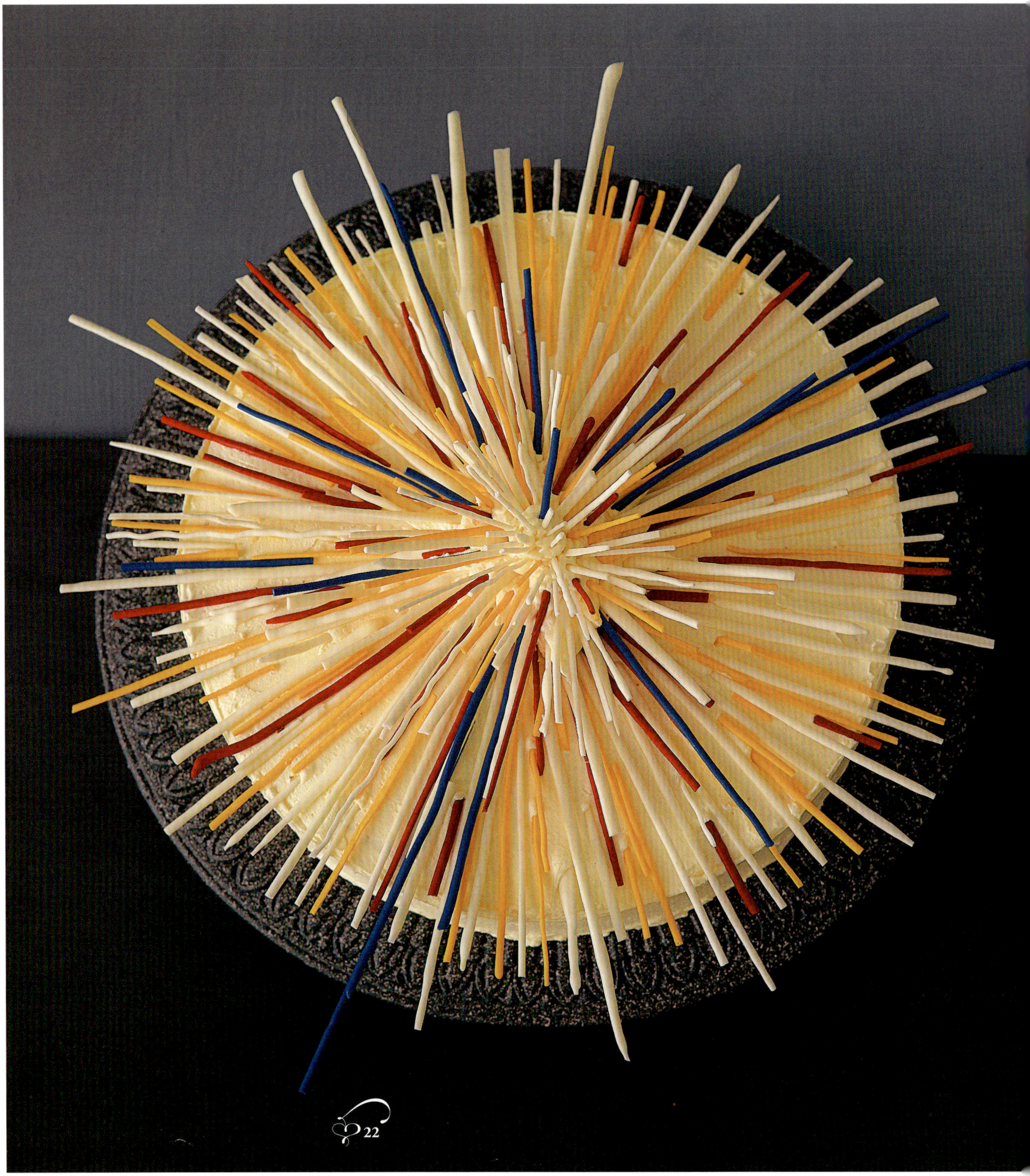

Mikadotorte

Zum Garnieren:
200 g Icingpulver
35–50 ml Wasser
je 1 Msp. Speisefarbpaste Gelb, Rot, Blau

Für den Teig:
3 Bio-Orangen (unbehandelt, ungewachst)
150 g Butter (zimmerwarm)
220 g Zucker
6 Eigelb (Größe M)
6 Eiweiß (Größe M)
1 Prise Salz
200 g abgezogene, gem. Mandeln
60 g Weizenmehl

Zum Tränken:
150 ml Orangensaft (von den Bio-Orangen)

Für das Buttericing:
200 g Butter (zimmerwarm)
500 g Puderzucker

Zubereitungszeit: 70 Minuten, ohne Trockenzeit (mind. 12 Stunden) und Kühlzeit (etwa 1 Stunde)
Backzeit: etwa 30 Minuten

- Zum Garnieren Icingpulver mit Wasser nach Packungsanleitung zu einem spritzfähigen Guss verrühren. Die Hälfte der Icingmasse in einen Spritzbeutel mit sehr kleiner Lochtülle (Ø etwa 4 mm) oder in zwei Papierspritztütchen füllen. Restliche Icingmasse in drei Schüsseln verteilen und mit der Speisefarbpaste jeweils rot, blau und gelb einfärben. Die eingefärbte Icingmasse in kleine Papierspritztütchen füllen.

- Drei Backbleche mit Backpapier belegen. Die weiße und die eingefärbte Icingmasse zu langen Streifen (14–18 cm) dicht nebeneinander auf die Backbleche spritzen, mindestens 12 Stunden trocknen lassen. Den Backofen vorheizen. Ober-/Unterhitze: etwa 180 °C, Heißluft: etwa 160 °C.

- Für den Teig Orangen heiß abwaschen, abtrocknen und die Schale fein abreiben. Orangen halbieren, den Saft auspressen, 150 ml abmessen und zum Tränken beiseitestellen. Butter in eine Rührschüssel geben. Orangenschale, 80 g Zucker und Eigelb hinzugeben. Die Zutaten mit einem Mixer (Rührstäbe) auf höchster Stufe etwa 4 Minuten schaumig schlagen. Eiweiß mit Salz mit dem Mixer (Rührstäbe) auf höchster Stufe steif schlagen, restlichen Zucker (140 g) nach und nach unterschlagen, sodass ein fester Schaum entsteht. Ein Drittel des Eischnees zur Butter-Orangen-Masse geben, Mandeln und Mehl daraufgeben. Die Zutaten mit einem Teigschaber unter die Butter-Orangen-Masse rühren. Restlichen Eischnee mit einem Teigschaber unterheben.

- Den Teig in eine Springform (Ø 28 cm, mit Backpapier belegt) geben und glatt streichen. Die Torte **etwa 30 Minuten goldbraun backen.** Die Form auf einen Kuchenrost stellen. Die Torte erkalten lassen, dann aus der Form lösen. Eine Tortenscheibe auf die Oberfläche legen und die Torte umdrehen, mitgebackenes Backpapier abziehen. Eine Tortenplatte auf die Torte legen und die Torte wieder umdrehen. Die Torte mit einem Holzstäbchen mehrfach einstechen und mit dem beiseitegestellten Orangensaft tränken.

- Für das Buttericing die Butter in eine Rührschüssel geben und mit dem Mixer (Rührstäbe) auf höchster Stufe in 4–5 Minuten schaumig schlagen. Den Puderzucker portionsweise unterschlagen. 3 Esslöffel Buttericing in einen Spritzbeutel mit Lochtülle (Ø 10 mm) füllen. Die Torte mit dem restlichen Buttericing einstreichen und etwa 1 Stunde in den Kühlschrank stellen.

- Die getrockneten Zuckerstreifen mit einer flexiblen dünnen Palette vom Backpapier lösen und auf die Torte legen. Einen großen Tupfen aus dem Spritzbeutel in die Mitte der Torte spritzen. Kleinere und gebrochene Zuckerstreifen in die Mitte des Cremetupfens stecken.

Haselnuss-Perlen-Hupf

150 g Zartbitter-Kuvertüre
1 EL Speiseöl

Für den Teig:
300 g Butter (zimmerwarm)
250 g brauner Zucker
1 Pck. Dr. Oetker Bourbon-Vanille-Zucker
7 Eier (Größe M)
300 g Weizenmehl
2 gestr. TL Dr. Oetker Backin
1 gestr. TL Natron
50 g Schlagsahne

200 g gem. Haselnusskerne

Zum Bestreichen und Garnieren:
150 g Aprikosenkonfitüre
2 EL Wasser
60 g Zucker
50 g rotes Johannisbeergelee
120 g abgezogene Haselnusskerne

Außerdem für die Form:
20 g Butter oder Margarine (zimmerwarm)
20 g Weizenmehl

Zubereitungszeit: 50 Minuten, ohne Abkühlzeit
Backzeit: etwa 55 Minuten

• Eine Gugelhupfform (Ø 24 cm) mit Butter oder Margarine einstreichen und mit Mehl bestäuben, überschüssiges Mehl herausklopfen. Die Form in den Kühlschrank stellen. Den Backofen vorheizen. Ober-/Unterhitze: etwa 180 °C, Heißluft: etwa 160 °C. Kuvertüre in Stücke hacken, mit Speiseöl in einem kleinen Topf im Wasserbad bei schwacher Hitze unter Rühren schmelzen.

• Für den Teig Butter in einer Rührschüssel mit einem Mixer (Rührstäbe) auf höchster Stufe in 1 Minute schaumig schlagen. Braunen Zucker und Vanille-Zucker mischen, in 1 Minute unter Rühren einstreuen, weitere 4 Minuten schlagen. Eier nach und nach unterrühren (jedes Ei etwa ½ Minute). Mehl mit Backpulver und Natron mischen, abwechselnd mit der Sahne in 2 Portionen kurz auf mittlerer Stufe unterrühren.

• Etwa 3 Esslöffel von dem Teig in die vorbereitete Gugelhupfform geben und glatt streichen. 2–3 Esslöffel der geschmolzenen Kuvertüre darauf verteilen und mit einem Pinsel glatt verstreichen. Dünn mit gemahlenen Haselnusskernen bestreuen. Wieder 3 Esslöffel Teig darauf verteilen, Kuvertüre daraufträufeln, glatt streichen und dünn mit gemahlenen Haselnusskernen bestreuen. So fortfahren, bis alle Zutaten eingeschichtet sind. (Bei den letzten Schichten die Mengen etwas erhöhen, weil die Form nach oben etwas breiter wird.) Die letzte Schicht sollte aus Teig bestehen.

• Die Form auf dem Rost in den vorgeheizten Backofen schieben. Den Kuchen **etwa 55 Minuten backen.** Die Form auf einen Kuchenrost stellen. Den Kuchen etwa 15 Minuten in der Form abkühlen lassen, dann aus der Form auf den Kuchenrost stürzen und erkalten lassen.

• Zum Bestreichen Konfitüre, Wasser und 40 g Zucker in einem Topf unter Rühren aufkochen lassen und anschließend durch ein Sieb streichen. Den Kuchen evtl. gerade schneiden und mit der Konfitüre bestreichen. Johannisbeergelee und restlichen Zucker in einem Topf unter Rühren aufkochen und etwas abkühlen lassen. Den glasierten Kuchen damit beträufeln. Den Kuchen mit den Haselnusskernen garnieren. Glasur trocknen lassen.

Tipps: Den Kuchen 1–2 Tage im Voraus backen und durchziehen lassen. Wenn Sie keine abgezogenen Haselnusskerne bekommen, die Nüsse einfach auf ein Backblech geben und im vorgeheizten Backofen bei Ober-/Unterhitze: etwa 180 °C, Heißluft: etwa 160 °C etwa 15 Minuten rösten. Anschließend auf ein Geschirrtuch geben und die braune Haut mit dem Tuch abrubbeln.

Hoch Hinaus

Tolle Torten sind ein kulinarischer Hochgenuss. Nehmen Sie das doch wörtlich und stapeln Sie einfach ganz hoch beim Backen. Der Mut zu ungewöhnlichen Formen zahlt sich aus. Mit einer ruhigen Hand und unseren gelingsicheren Rezepten können auch Sie ganz außergewöhnliche süße Träume erschaffen und werden so ganz sicher zum „Tortenstar“.

Erdbeerturm

500 g Erdbeeren
3 Bio-Zitronen
(unbehandelt, ungewachst)

Für den Teig:
400 g Butter (zimmerwarm)
350 g Zucker
8 Eier (Größe M)
200 g abgezogene, gem. Mandeln
550 g Weizenmehl
2 gestr. TL Dr. Oetker Backin
1 gestr. TL Natron
100 ml Zitronensaft
(von den Zitronen)

Für die Füllung:
200 ml Rote-Bete-Saft
2 Bio-Zitronen
(unbehandelt, ungewachst)
250 g Erdbeerkonfitüre
250 g Erdbeeren
500 g Butter (zimmerwarm)
1 Pck. Dr. Oetker
Bourbon-Vanille-Zucker
220 g Puderzucker

Zum Garnieren:
750 g Erdbeeren
1 EL Schokoperlen

Zubereitungszeit: 140 Minuten,
ohne Abkühl- und Kühlzeit (mind. 2 Stunden)
Backzeit: etwa 40 Minuten

• Erdbeeren putzen, abspülen, trocken tupfen, in 1 cm große Würfel schneiden. Zitronen heiß abwaschen, abtrocknen, Schale fein abreiben. Zitronen halbieren, Saft auspressen, 100 ml abmessen, restlichen Saft beiseitestellen. Backofen vorheizen. Ober-/Unterhitze: etwa 180 °C, Heißluft: etwa 160 °C.

• Butter und Zitronenschale mit der Küchenmaschine (Rührstäbe) etwa 2 Minuten schaumig schlagen. Zucker hinzufügen, weitere 3 Minuten schlagen. Eier nacheinander unterschlagen. Mandeln, Mehl, Backpulver und Natron mischen, in 2 Portionen mit dem Zitronensaft kurz unterrühren. Die Hälfte des Teiges auf ein Backblech (38 x 32 cm, mit Backpapier belegt) streichen. Erdbeerwürfel daraufstreuen. Restlichen Teig esslöffelweise darauf glatt streichen. Das Backblech in den vorgeheizten Backofen schieben. Die Gebäckplatte **etwa 40 Minuten backen.**

• Das Backblech auf einen Kuchenrost stellen, Gebäckplatte mit beiseitegestelltem Zitronensaft beträufeln, erkalten lassen. Gebäckplatte mit dem Backpapier vom Backblech auf die Arbeitsfläche ziehen. Ränder rundherum abschneiden, sodass die Platte eine Größe von 30 x 36 cm hat. Von der Platte einen Streifen (30 x 10 cm) abschneiden, in drei Quadrate (je 10 x 10 cm) schneiden. Restliche Platte (30 x 26 cm) in 4 Rechtecke (je 15 x 13 cm) schneiden. Ein Rechteck auf einen Servierteller legen. Für die Füllung den Rote-Bete-Saft zum Kochen bringen, in etwa 7 Minuten auf 50 ml einkochen lassen, Sirup abkühlen lassen. Zitronen heiß abwaschen, abtrocknen, Schale fein abreiben. Zitronen halbieren, Saft auspressen. Konfitüre mit 70 ml Zitronensaft und dem Rote-Bete-Sirup verrühren, durch ein Sieb streichen. Erdbeeren putzen, abspülen, trocken tupfen, in Scheiben schneiden.

• Butter mit dem Mixer (Rührstäbe) in 2 Minuten schaumig schlagen. Vanille-Zucker, Zitronenschale und Puderzucker hinzugeben, weitere 4 Minuten schlagen. Konfitüre nach und nach unterrühren. Auf die vier großen Kuchenplatten jeweils 1–2 Esslöffel der Creme streichen. 3 der großen Kuchenplatten mit Erdbeerscheiben belegen und aufeinanderlegen (stapeln). Die 4. Platte mit der Cremeschicht nach oben darauflegen. Die kleinen Teigplatten mit je ½–1 Esslöffel der Creme bestreichen. 2 Platten mit den restlichen Erdbeerscheiben belegen und aufeinanderstapeln. Die 3. Platte mit der Cremeschicht nach oben darauflegen. Beide Kuchenstapel rundherum dünn mit Creme bestreichen, mindestens 2 Stunden in den Kühlschrank stellen. Restliche Creme zugedeckt bei Zimmertemperatur aufbewahren.

• Erdbeeren putzen, abspülen, trocken tupfen. Den großen Kuchenstapel auf eine Servierplatte setzen, den kleinen Stapel daraufsetzen. Den Erdbeerturm mit der restlichen Creme rundherum wellenartig einstreichen, die Seiten mit Schokoperlen bestreuen, mit Erdbeeren belegen.

Torrone-Torte

Für den Teig:
100 g Kürbiskerne
100 g Cashewkerne
250 g Butter (zimmerwarm)
180 g Puderzucker
1 Pck. Dr. Oetker Vanillin-Zucker
5 Eier (Größe M)
230 g Weizenmehl
25 g Speisestärke
2 gestr. TL Dr. Oetker Backin

Für die Torronecreme:
100 g Walnusskerne
100 g abgezogene Mandeln
170 g flüssiger neutraler Honig
250 g Butter (zimmerwarm)
2 Eiweiß (Größe M)
50 g Zucker

Zum Beträufeln:
8 EL Sherry fino

Für die Garnierung:
400 g Marzipan-Rohmasse
80 g Puderzucker
1 gestr. EL gesiebtes Kakaopulver

Puderzucker zum Bestäuben
1 EL Zucker zum Bestreuen

Zubereitungszeit: 80 Minuten, ohne Kühlzeit (mind. 2 Stunden)
Backzeit: 12–18 Minuten je Backblech

- Zwei Bögen Backpapier auf die Arbeitsfläche legen, jeweils in Backblechgröße (38 x 32 cm) ausschneiden. Auf einen Bogen 2 Kreise Ø je 15 cm und 4 Kreise Ø je 5 cm zeichnen. Auf den zweiten Bogen 2 Kreise Ø je 18 cm und 2 Kreise Ø je 10 cm zeichnen. Dabei mindestens 2 cm Abstand zwischen den einzelnen Kreisen lassen. Backpapier jeweils umgedreht auf 2 Backbleche legen. Backofen vorheizen. Ober-/Unterhitze: etwa 170 °C, Heißluft: etwa 150 °C. Für den Teig Kürbis- und Cashewkerne sehr fein hacken. Butter, Puderzucker und Vanillin-Zucker mit dem Mixer (Rührstäbe) etwa 2 Minuten cremig schlagen. Eier nacheinander unterschlagen. Mehl mit Stärke, Backpulver, Kürbis- und Cashewkernen mischen, in 2–3 Portionen kurz unterrühren. Den Teig in einen Spritzbeutel mit Lochtülle (Ø 15 mm) füllen, auf die markierten Kreise spritzen. Die Backbleche nacheinander (bei Heißluft zusammen) in den vorgeheizten Backofen schieben. Die großen Gebäckplatten **etwa 18 Minuten**, die kleinen **etwa 12 Minuten backen.** Gebäckplatten vom Backblech nehmen, auf Kuchenrosten erkalten lassen.

- Den Backofen vorheizen. Ober-/Unterhitze: etwa 180 °C, Heißluft: etwa 160 °C. Für die Creme Nusskerne und Mandeln auf einem Backblech im vorgeheizten Backofen etwa 10 Minuten rösten. 3 Walnusshälften beiseitelegen. Restliche heiße Mandeln und Walnusskerne im Blitzhacker portionsweise sehr fein hacken. Honig erhitzen, gehackte Mandeln und Walnüsse unterrühren, auf Zimmertemperatur abkühlen lassen. Butter mit dem Mixer (Rührstäbe) in etwa 5 Minuten sehr schaumig schlagen. Abgekühlte Nuss-Honig-Masse esslöffelweise unterschlagen. Eiweiß steif schlagen, Zucker nach und nach unterschlagen. So lange schlagen, bis der Eischnee glänzt und der Zucker sich aufgelöst hat. Eischnee unter die Nuss-Butter-Masse heben.

- Die Gebäckplatten mit Sherry beträufeln. Die größte Platte auf einen Servierteller legen. Die Creme knapp 1 cm hoch daraufstreichen, die nächst kleinere Kuchenplatte darauflegen, knapp 1 cm hoch mit der Creme bestreichen. So fortfahren, bis alle Zutaten aufgeschichtet sind. Den Turm evtl. mit einem Holzspieß stabilisieren. Die Creme an der Außenseite des Turms glatt streichen. Tortenturm mindestens 2 Stunden in den Kühlschrank stellen.

- Marzipan mit Puderzucker verkneten. 30 g davon zu einer Kugel formen, beiseitegelegte Walnusshälften etwas in die Kugel drücken, beiseitelegen. Restliches Marzipan halbieren, eine Hälfte mit Kakao verkneten. Helles und dunkles Marzipan portionsweise auf der mit Puderzucker bestäubten Arbeitsfläche zu etwa 1 cm breiten Rollen formen, mit einem Messer der Länge nach halbieren. Dann im Wechsel von unten nach oben mit der gewölbten Seite nach außen um die Torte legen. Rollen an den Nahtstellen abschneiden und zusammendrücken. Auf den obersten Ring die Walnusskugel legen. Torte dünn mit kaltem Wasser bestreichen, leicht mit Zucker bestreuen und in den Kühlschrank stellen. Die Torte etwa 2 Stunden vor dem Servieren aus dem Kühlschrank nehmen.

Zetteltorte (Glückstorte)

Für den Teig:
1 Bio-Zitrone
(unbehandelt, ungewachst)
250 g Butter (zimmerwarm)
250 g Zucker
7 Eier (Größe M)
200 g Weizenmehl
3 gestr. TL Dr. Oetker Backin
2 Pck. Dr. Oetker Pudding-Pulver
Vanille-Geschmack
50 g Kokosraspel

Für die Creme:
2 Bio-Zitronen
(unbehandelt, ungewachst)
etwa 450 ml Maracujanektar
1 Pck. Dr. Oetker Pudding-Pulver
Vanille-Geschmack
60 g Zucker
100 g Butter (zimmerwarm)

Zum Garnieren:
250 g Butter (zimmerwarm)
200 g Puderzucker
1 Pck. Dr. Oetker
Bourbon-Vanille-Zucker
500 g weißer Rollfondant (zimmerwarm)
je 1 kleiner Tupfen Speisefarbpaste
Violett, Hell- und Tannengrün
1 EL Puderzucker, 1 EL Speisestärke
100 g weiße Kuvertüre
evtl. bunter Zucker

2–3 lange Holzspieße
einige Wunderkerzen

Zubereitungszeit: 150 Minuten,
ohne Abkühl- und Kühl- bzw. Trockenzeit
(mind. 6 Stunden)
Backzeit: etwa 70 Minuten

- Einen Bogen Alufolie in eine Tarteform legen. Einen flexiblen Tortenring mit 9 cm Höhe auf 17 cm Durchmesser ausziehen. Tortenring in die mit Alufolie belegte Form stellen, überstehende Folie zum Ring hin einrollen und andrücken. Backofen vorheizen. Ober-/Unterhitze: etwa 170 °C, Heißluft: etwa 150 °C. Für den Teig Zitrone heiß abwaschen, abtrocknen, Schale fein abreiben. Butter, Zucker und Zitronenschale mit dem Mixer (Rührstäbe) etwa 3 Minuten schaumig schlagen. Eier nacheinander unterschlagen. Mehl mit Backpulver, Pudding-Pulver und Kokosraspeln mischen, in 2 Portionen kurz auf mittlerer Stufe unterrühren.

- Den Teig in dem Tortenring glatt streichen. Die Form auf dem Rost in den vorgeheizten Backofen (untere Schiene) schieben. Gebäckboden **etwa 70 Minuten backen.** Boden evtl. nach 40 Minuten Backzeit mit Backpapier belegen. Die Form auf einen Kuchenrost stellen. Boden erkalten lassen, aus dem Tortenring lösen, Alufolie abziehen. Boden dreimal waagerecht durchschneiden. Unteren Boden auf eine Servierplatte legen, gesäuberten Tortenring darumlegen.

- Für die Creme Zitronen heiß abwaschen, abtrocknen, Schale fein abreiben. Zitronen halbieren, Saft auspressen, mit Nektar auf 500 ml auffüllen. 6 Esslöffel davon mit dem Pudding-Pulver anrühren. Restlichen Saft mit Zucker und Zitronenschale zum Kochen bringen. Angerührtes Pudding-Pulver in den Saft rühren, unter Rühren aufkochen lassen. Topf von der Kochstelle nehmen. Butter unter den Pudding rühren. Frischhaltefolie auf den heißen Pudding legen, Pudding auf Zimmertemperatur erkalten lassen. Ein Drittel des Puddings auf den unteren Boden streichen, zweiten Boden darauflegen, mit einem weiteren Drittel des Puddings bestreichen. Den dritten Boden darauflegen, mit restlichem Pudding bestreichen, letzten Boden darauflegen. Torte etwa 2 Stunden in den Kühlschrank stellen. Zum Garnieren Butter mit dem Mixer (Rührstäbe) in 2 Minuten schaumig schlagen. Puderzucker und Vanille-Zucker hinzugeben, weitere 2 Minuten schlagen. Tortenring lösen und entfernen. Torte mit der Buttercreme einstreichen.

- Fondant geschmeidig kneten. 50 g Fondant mit einem winzigen Tupfen Farbpaste violett einfärben, mit Frischhaltefolie zudecken. Restlichen Fondant mit einer winzigen Menge beider Grüntöne einfärben. Puderzucker und Speisestärke mischen. Arbeitsfläche dünn mit etwas von dem Gemisch bestreuen. Grünen Fondant etwa 2 mm dick ausrollen, in Rechtecke (etwa 4 x 6 cm) schneiden. Die Ränder der Rechtecke mit einem Löffel flach drücken, auf zwei Backbleche (dünn mit der Puderzucker-Speisestärke-Mischung bestreut) legen, 2–3 Stunden antrocknen lassen.

- Kuvertüre grob hacken, in einer Schüssel im Wasserbad bei schwacher Hitze unter Rühren schmelzen. In ein Papierspritztütchen füllen, eine Ecke abschneiden. Jedes Fondant-Rechteck mit einem Wunsch beschriften, Kuvertüre evtl. mit buntem Zucker bestreuen, trocknen lassen.

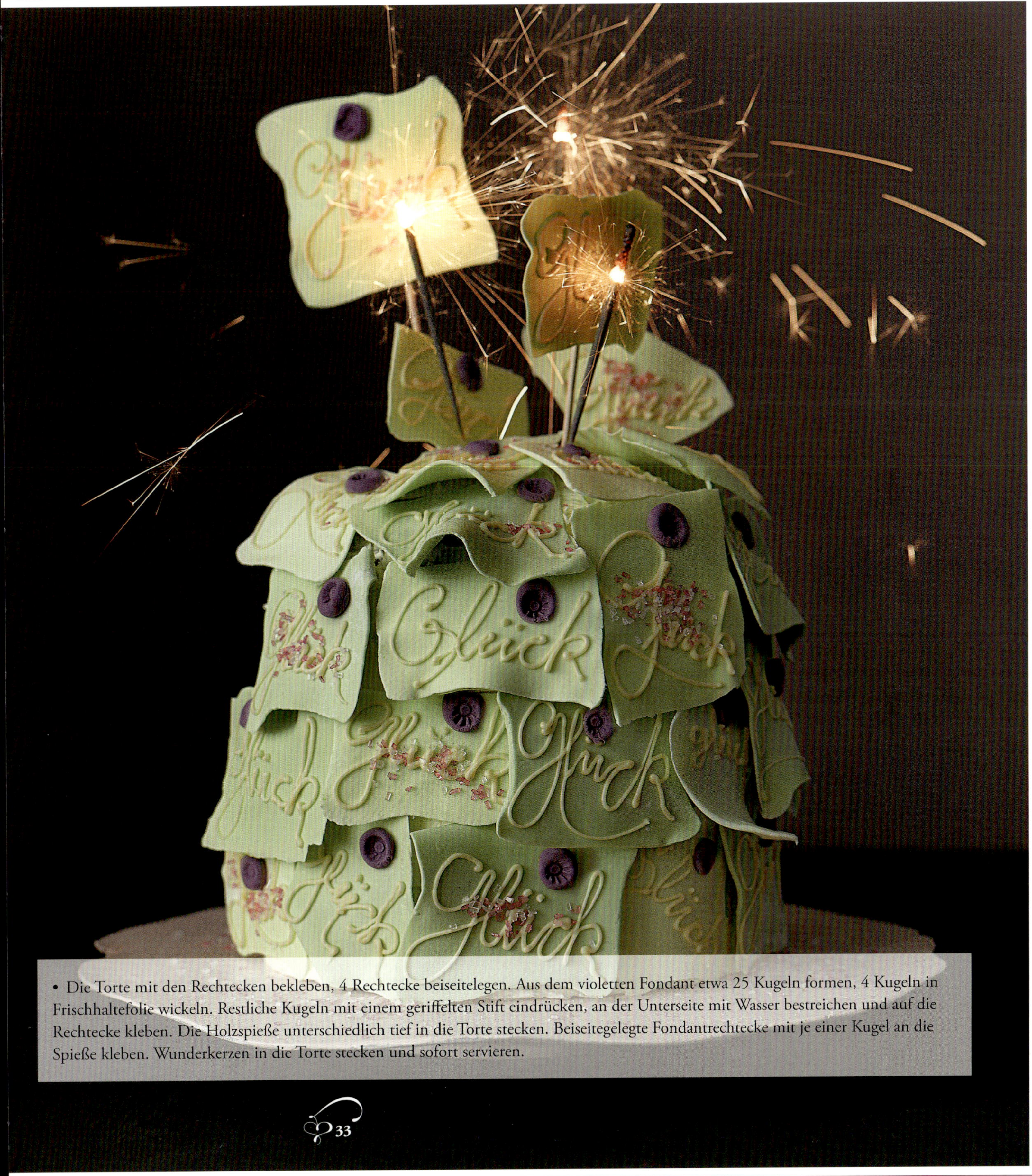

• Die Torte mit den Rechtecken bekleben, 4 Rechtecke beiseitelegen. Aus dem violetten Fondant etwa 25 Kugeln formen, 4 Kugeln in Frischhaltefolie wickeln. Restliche Kugeln mit einem geriffelten Stift eindrücken, an der Unterseite mit Wasser bestreichen und auf die Rechtecke kleben. Die Holzspieße unterschiedlich tief in die Torte stecken. Beiseitegelegte Fondantrechtecke mit je einer Kugel an die Spieße kleben. Wunderkerzen in die Torte stecken und sofort servieren.

Strudelblätter

Für die Teigblätter:
5 Strudelteigblätter
(je etwa 30 x 30 cm, aus dem Kühlregal)
50 ml Rote-Bete-Saft
2 EL Butter
3 EL Zucker

Für die Cremefüllung:
150 g TK-Preiselbeeren
50 g Zucker
½ EL Speisestärke
250 g Magerquark
200 g Schlagsahne (mind. 32 % Fett)
1 Pck. Sahnesteif
1 Pck. Dr. Oetker
Bourbon-Vanille-Zucker

Zubereitungszeit: 60 Minuten, ohne Abkühlzeit
Backzeit: etwa 5 Minuten je Backblech

- Den Backofen vorheizen. Ober-/Unterhitze: etwa 180 °C.

- Ein Backblech mit Backpapier belegen (3 weitere Bögen Backpapier bereithalten).

- Für die Teigblätter die Strudelblätter abrollen. 1 Strudelblatt auf ein Schneidbrett legen, die restlichen Strudelblätter in Frischhaltefolie wickeln und beiseitelegen.

- Aus dem Strudelblatt (Schneidbrett) mit einem runden Ausstecher (Ø 7 cm) 16 Teigtaler ausstechen und aufeinanderlegen. Rote-Bete-Saft in einen tiefen Teller gießen. Die Taler einzeln mit einer Pinzette von beiden Seiten durch den Saft ziehen, kurz abtropfen lassen und nebeneinander auf das Backpapier legen. Butter zerlassen, die Teigblätter dünn damit bestreichen und dünn mit Zucker bestreuen.

- Das Backblech in den vorgeheizten Backofen schieben. Die Taler bei Ober-/Unterhitze **etwa 5 Minuten goldbraun backen.**

- Die Taler mit dem Backpapier vom Backblech auf einen Kuchenrost ziehen und erkalten lassen. Die restlichen Strudelplatten auf die gleiche Weise zubereiten und backen. (Da die Taler hauchdünn sind und evtl. brechen können, vorsichtshalber die ganze Menge Teig verarbeiten, ergibt 64 Taler.) Die Taler vorsichtig vom Backpapier lösen.

- Für die Füllung Preiselbeeren und Zucker in einem Topf aufkochen lassen. Speisestärke mit 2 Esslöffeln Wasser anrühren, unter die Preiselbeeren rühren und unter vorsichtigem Rühren einmal aufkochen lassen. Den Topf von der Kochstelle nehmen, Preiselbeeren erkalten lassen (evtl. 1 Esslöffel Preiselbeeren zum Garnieren beiseitelegen).

- Quark glatt rühren und die Preiselbeeren unterrühren. Sahne mit Sahnesteif und Vanille-Zucker steif schlagen und unter den Preiselbeerquark rühren.

- Die Creme in einen Spritzbeutel mit Lochtülle (Ø 10 mm) füllen. 8 Teigblätter nebeneinander auf die Arbeitsfläche legen und jeweils einen Tupfen der Creme daraufspritzen. Auf jeden Tupfen ein Teigblatt drücken. So fortfahren, bis 7 Blätter pro Törtchen aufgestapelt sind. Evtl. kurz vor dem Servieren auf jedes der oberen Teigblätter einige der beiseitegelegten Preiselbeeren legen. Die Strudeltürme sofort servieren.

Kimonotorte

Für den Vanillesirup:
1 Vanilleschote
80 ml Wasser
50 g Zucker

Für den Biskuitteig:
5 Eier (Größe M)
70 g Zucker
80 g Weizenmehl
20 g Speisestärke

Für die Vanillecreme:
500 ml Milch (3,5 % Fett)
1 Pck. Dr. Oetker Pudding-Pulver Vanille-Geschmack
50 g Zucker
200 g Schlagsahne (mind. 32 % Fett)
1 EL Zucker
1 Pck. Sahnesteif

Für die Füllung:
600 g Erdbeeren

Für den Schokomantel:
300 g weiße Kuvertüre
1 bedruckte Transferfolie für Schokolade oder Kuvertüre (25 x 40 cm, erhältlich im Internet)

Puderzucker zum Bestäuben

Zubereitungszeit: 80 Minuten, ohne Kühlzeit (mind. 2 Stunden)
Backzeit: etwa 40 Minuten

• Für den Sirup Vanilleschote längs halbieren, Mark herauskratzen, beiseitelegen. Wasser und Zucker in einem Topf zum Kochen bringen. Ausgekratzte Vanilleschote in den Zuckersirup geben, aufkochen lassen. Topf von der Kochstelle nehmen, Sirup erkalten lassen. Backofen vorheizen. Ober-/Unterhitze: etwa 180 °C, Heißluft: etwa 160 °C. Einen Bogen Alufolie in eine Tarteform legen. Einen flexiblen Tortenring mit 9 cm Höhe auf 18 cm Durchmesser ausziehen. Tortenring in die mit Alufolie belegte Form stellen, überstehende Folie zum Ring hin einrollen und andrücken.

• Für den Teig Eier mit dem Mixer (Rührstäbe) auf höchster Stufe 2 Minuten schaumig schlagen. Zucker hinzugeben, weitere 4 Minuten schlagen. Mehl mit Speisestärke mischen, auf die Eiercreme geben, kurz auf niedrigster Stufe unterrühren. Den Teig in den vorbereiteten Tortenring füllen. Die Form auf dem Rost in den vorgeheizten Backofen schieben. Biskuitboden **etwa 40 Minuten backen.** Evtl. nach etwa 25 Minuten Backzeit den Boden mit Backpapier zudecken.

• Die Form auf einen Kuchenrost stellen. Den Boden in der Form erkalten lassen, dann aus der Form lösen, Alufolie abziehen. Den Boden zweimal waagerecht durchschneiden. Alle Böden gleichmäßig mit dem Sirup beträufeln.

• Für die Creme 6 Esslöffel von der Milch mit Pudding-Pulver anrühren. Restliche Milch mit Zucker und beiseitegelegtem Vanillemark zum Kochen bringen. Angerührtes Pudding-Pulver in die Milch rühren, unter Rühren aufkochen lassen. Frischhaltefolie auf den heißen Pudding legen. Pudding auf Zimmertemperatur erkalten lassen. Sahne mit Zucker und Sahnesteif steif schlagen. Pudding glatt rühren, Sahne kurz unterrühren.

• Für die Füllung Erdbeeren putzen, abspülen, abtropfen lassen. 250 g Erdbeeren in Scheiben schneiden, restliche Erdbeeren zugedeckt in den Kühlschrank stellen. Unteren Boden auf einen Servierteller legen. Die Hälfte der Erdbeerscheiben darauf verteilen. Ein Drittel der Vanillecreme daraufstreichen. Zweiten Boden darauflegen, mit den restlichen Erdbeerscheiben belegen, mit der Hälfte der restlichen Creme bestreichen. Dritten Boden darauflegen. Tortenoberfläche und -rand mit der restlichen Creme bestreichen. Torte etwa 1 Stunde in den Kühlschrank stellen.

• Für den Schokomantel Kuvertüre grob hacken. Die Hälfte davon in eine Schüssel füllen, im Wasserbad bei 40 °C langsam schmelzen. Schüssel aus dem Wasserbad nehmen. Restliche Kuvertüre unterrühren, 3–4 Minuten stehen lassen, bis ein dicker Brei entstanden ist. Die

Schüssel mit dem Schokoladenbrei wieder in das Wasserbad stellen, langsam unter Rühren schmelzen lassen. Dabei darf die Temperatur 35 °C nicht überschreiten. Die Transferfolie durchschneiden, sodass 2 Stücke (je 40 x 12 ½ cm) entstehen. Eine der Transferfolien auf 18 x 12 ½ cm kürzen. Beide Folien mit der bedruckten Seite nach oben auf ein Backblech legen.

- Die Kuvertüre mit einem großen Löffel streifenweise auf die Platten geben, mit einem Spachtel verstreichen. Kuvertüre 5 Minuten anziehen lassen (sie darf nicht ganz hart werden). Die Folien nacheinander mit der Kuvertüreseite nach innen an den Tortenrand stellen, leicht an den Cremerand drücken. Schnittkanten der Folien sollten sich je 1 cm überlappen. Torte etwa 1 Stunde in den Kühlschrank stellen. Die Folien von der fest gewordenen Kuvertüre vorsichtig abziehen. Vor dem Servieren die kalt gestellten Erdbeeren auf die Torte legen. Mit Puderzucker bestäuben und sofort servieren.

Amarena-Kirschtorte

Für den Teig:
200 g weiße Kuvertüre
100 g abgetropfte Amarenakirschen (aus dem Glas)
300 g Butter (zimmerwarm)
300 g Zucker
8 Eier (Größe M)
200 g gem. Haselnusskerne
400 g Weizenmehl
3 gestr. TL Dr. Oetker Backin
Speisefarbpasten in Rot, Rubinrot, Violett

200 ml Orangensaft

Für die Buttercreme:
1 l Milch (3,5 % Fett)
2 Pck. Dr. Oetker Pudding-Pulver Vanille-Geschmack
80 g Zucker
500 g Butter (zimmerwarm)
100 g Puderzucker

Zum Garnieren:
10 abgetropfte Amarenakirschen (aus dem Glas)

Zubereitungszeit: 3 Stunden, ohne Kühlzeit
Backzeit: etwa 25 Minuten je Tortenboden

• Zwei Springformen (Ø je 22 cm) mit Backpapier belegen und jeweils den Springformrand darum festziehen. Den Backofen vorheizen. Ober-/Unterhitze: etwa 180 °C, Heißluft: etwa 160 °C.

• Für den Teig Kuvertüre hacken, in einer Schüssel im Wasserbad bei schwacher Hitze unter Rühren schmelzen, leicht abkühlen lassen. Amarenakirschen in einem Blitzhacker sehr fein hacken. Butter in eine große Rührschüssel geben, Kuvertüre und Zucker hinzugeben. Die Zutaten mit dem Mixer (Rührstäbe) auf höchster Stufe etwa 4 Minuten schaumig schlagen. Eier nach und nach unterschlagen (jedes Ei etwa ½ Minute). Haselnusskerne mit Mehl und Backpulver mischen, in 2 Portionen zur Butter-Eier-Masse geben und kurz auf mittlerer Stufe unterrühren, fein gehackte Amarenakirschen unterheben.

• Den Teig in sechs Portionen (je etwa 340 g) teilen und in sechs Schüsseln verteilen. Fünf Teigportionen in unterschiedlich intensive Rottöne färben. Für ein helles Rot den Teig mit 1 kleinen Messerspitze roter Farbpaste, für dunklere Rottöne mit 2–3 Messerspitzen Farbpaste einfärben. Aus den Teigportionen insgesamt 6 Böden backen. Dafür jeweils 1 Teigportion in die vorbereiteten Formen füllen. Die Formen nacheinander (bei Heißluft 2 Formen zusammen) auf dem Rost in den vorgeheizten Backofen schieben. Die Tortenböden **etwa 25 Minuten je Form backen.** Die gebackenen Tortenböden sofort aus den Formen lösen und auf Kuchenrosten erkalten lassen. Die restlichen 4 Teigportionen auf die gleiche Weise backen und erkalten lassen. Dafür jeweils die Springformränder säubern und die Springformböden mit Backpapier belegen. Die erkalteten Tortenböden mit jeweils 3–4 Esslöffeln Orangensaft beträufeln.

• Für die Creme 100 ml von der Milch mit Pudding-Pulver anrühren. Restliche Milch mit Zucker zum Kochen bringen. Angerührtes Pudding-Pulver in die Milch rühren, unter Rühren aufkochen lassen. Frischhaltefolie direkt auf den heißen Pudding legen. Pudding bei Zimmertemperatur erkalten lassen.

• Die Butter in eine Rührschüssel geben, Puderzucker hinzugeben, mit dem Mixer (Rührstäbe) etwa 5 Minuten sehr schaumig schlagen. Vanillepudding glatt rühren, esslöffelweise unter die Buttermasse schlagen. Etwa die Hälfte der Creme beiseitestellen. Den dunkelsten Tortenboden auf eine Servierplatte legen. Zwei Esslöffel der Creme daraufstreichen. Einen etwas helleren Tortenboden darauflegen und so fortfahren, bis alle Böden aufgeschichtet sind. Die Torte mit der restlichen Creme wellenartig einstreichen und in den Kühlschrank stellen.

• Die Torte mindestens 2 Stunden vor dem Servieren aus dem Kühlschrank nehmen. Mit Amarenakirschen garnieren und servieren.

Malvenblütentorte

255 g abgetropfte Lychees (aus der Dose)
4 Bio-Mandarinen (unbehandelt, ungewachst) oder 2 Bio-Orangen (unbehandelt, ungewachst)

Für den Teig:
400 g Butter (zimmerwarm)
350 g Zucker
8 Eier (Größe M)
200 g abgezogene, gem. Mandeln
550 g Weizenmehl
2 gestr. TL Dr. Oetker Backin
½ gestr. TL Natron
100 ml Mandarinen- oder Orangensaft (von den Mandarinen oder Orangen)

350 g abgetropfte Mandarinen (aus der Dose)

Für die Buttercreme:
350 g Butter (zimmerwarm)
1 Pck. Dr. Oetker Bourbon-Vanille-Zucker
250 g Puderzucker
100 g gezuckerte Kondensmilch

Für die Blüten:
etwa 4 EL Puderzucker
500 g weißer Rollfondant
1 ½ TL CMC Sugarcel (Pulver)
je ½ Msp. Speisefarbpaste Orange, Braun, Gelb
1 Eiweiß (Größe M)
etwa 1 ½ EL weiße Zuckerperlen (Perlmuttperlen)

Zubereitungszeit: 3 Stunden, ohne Abkühl- und Trockenzeit
Backzeit: etwa 30 Minuten

• Lychees vierteln, dabei evtl. die braunen Häutchen der Kerne entfernen. Mandarinen oder Orangen heiß abwaschen, abtrocknen, Schale fein abreiben. Früchte halbieren, 100 ml Saft auspressen. Backofen vorheizen. Ober-/Unterhitze: etwa 180 °C, Heißluft: etwa 160 °C.

• Für den Teig Butter mit der abgeriebenen Schale in eine Rührschüssel geben, in der Küchenmaschine (Rührstäbe) etwa 2 Minuten schaumig schlagen. Zucker hinzufügen, weitere 3 Minuten schlagen. Eier nacheinander unterschlagen. Mandeln, Mehl, Backpulver und Natron mischen, in 2 Portionen kurz unter den Teig rühren. Mandarinen- oder Orangensaft ebenfalls kurz unterrühren. Die Hälfte des Teiges auf einem Backblech mit hohem Rand (38 x 32 cm, mit Backpapier belegt) glatt streichen. Lychees und Mandarinen gleichmäßig darauf verteilen. Restlichen Teig esslöffelweise daraufgeben, glatt streichen. Das Backblech in den vorgeheizten Backofen schieben. Gebäckplatte **etwa 30 Minuten backen.**

• Das Backblech auf einen Kuchenrost stellen, Gebäckplatte erkalten lassen, dann restlichen Mandarinensaft darauftraufeln. Gebäckplatte mit dem Backpapier vom Backblech auf die Arbeitsfläche ziehen, zu einer rechteckigen Platte (36 x 30 cm) schneiden. Einen Streifen von 30 x 10 cm abschneiden, in 3 Quadrate (je 10 x 10 cm) schneiden. Die restliche Platte (30 x 26 cm) in 4 Rechtecke (je 15 x 13 cm) schneiden. Mitgebackenes Backpapier abziehen. Ein Rechteck auf einen Servierteller legen.

• Für die Creme Butter mit dem Mixer (Rührstäbe) in 2 Minuten schaumig schlagen. Vanille- und Puderzucker hinzugeben, weitere 4 Minuten schlagen, Kondensmilch unterrühren. Alle Teigplatten sehr dünn mit der Buttercreme bestreichen. Die Rechtecke aufeinanderlegen und mittig darauf die Quadrate stapeln. Damit der Kuchenturm nicht kippt, evtl. einen langen Holzspieß von oben hineinstecken. Tortenturm mit der restlichen Creme einstreichen.

• Für die Blüten mehrere kleine Tassen oder eine Mini-Muffin-Form innen mit Puderzucker bestäuben. Fondant in drei Teile teilen. Jedes Fondantstück mit je ½ Teelöffel Sugarcel-Pulver verkneten, mit je ½ Msp. Farbpaste in beliebige helle Farben verkneten (Fondantstücke, die gerade nicht bearbeitet werden, in einen Gefrierbeutel legen). Fondantstücke leicht mit Puderzucker bestäuben und je zu einer etwa 40 cm langen Rolle formen. Rollen nacheinander in etwa 2 cm lange Stücke schneiden, dann zu Kugeln formen. Jede Kugel mit der Handfläche flach drücken (Ø 3 cm), auf einer Silikonmatte mit einem Kugel-Modellierstäbchen hauchdünn zu einer Blüte ausformen (Ø etwa 8 cm). Mit einem Messer Streifen hineinritzen. Jede Blüte in eine Tasse oder Muffinmulde legen, sodass die Blütenblätter außen hochgebogen werden. Etwa 15 Minuten antrocknen lassen.

- Eiweiß verschlagen. Für jede Blüte 1–2 Zuckerperlen mit einer Pinzette kurz in das Eiweiß tauchen und in die Blütenmitte setzen. Antrocknen lassen. Blüten aus den Tassen oder Muffinmulden lösen, an die Torte, in die weiche Creme drücken. Vor Vollendung der Torte evtl. Holzspieß herausziehen. Die Torte sollte nicht gekühlt werden. Sie hält einen Tag ohne Kühlung.

- Die Blüten können 1–2 Wochen vor der Fertigstellung der Torte geformt werden.

Whoopie-Türmchen

Für den Teig:
70 g weiße Kuvertüre
80 g gehackte Pistazienkerne
150 g Weizenmehl
1 gestr. TL Dr. Oetker Backin
½ TL gem. Kardamom
100 g Butter (zimmerwarm)
1 Prise Salz
130 g Puderzucker
2 Eier (Größe M)

Für die Füllung:
3 Blatt weiße Gelatine
200 g Joghurt (3,5 % Fett)
400 g Mascarpone (ital. Frischkäse)
80 g Zucker
1 Bio-Orange
(unbehandelt, ungewachst)
1–2 EL Zitronensaft
evtl. 1 Msp. gelbe Speisefarbpaste

250 g kleine, frische Himbeeren

Zubereitungszeit: 45 Minuten, ohne Abkühlzeit
Backzeit: 10–12 Minuten je Backblech

• Zwei Bögen Backpapier in Backblechgröße (30 x 40 cm) nebeneinander auf die Arbeitsfläche legen. Jeweils 10 Ringe mit je einem Durchmesser von 5 cm, 4 cm, 3 cm und 2 cm auf das Backpapier zeichnen. Dabei mindestens 1 cm zwischen den Ringen frei lassen. Die Bögen umgedreht auf die Backbleche legen. Den Backofen vorheizen. Ober-/Unterhitze: etwa 180 °C, Heißluft: etwa 160 °C.

• Für den Teig Kuvertüre fein hacken, in einer Schüssel im Wasserbad bei schwacher Hitze unter Rühren schmelzen, leicht abkühlen lassen. Die Pistazienkerne im Blitzhacker sehr fein hacken (etwa 10 g davon zum Garnieren beiseitelegen). Pistazienkerne mit Mehl, Backpulver und Kardamom mischen. Butter, Salz und Puderzucker in einer Rührschüssel mit dem Mixer (Rührstäbe) auf höchster Stufe cremig aufschlagen. Eier nach und nach unterrühren (jedes Ei etwa ½ Minute). Das Mehlgemisch kurz auf mittlerer Stufe unterschlagen. Weiße Kuvertüre unterrühren.

• Den Teig in einen Spritzbeutel mit Lochtülle (Ø 10–12 mm) füllen und in die markierten Ringe spritzen. Die Backbleche nacheinander (bei Heißluft zusammen) in den vorgeheizten Backofen schieben. Die Taler je nach Größe **10 –12 Minuten backen.** Die gebackenen Taler mit dem Backpapier von den Backblechen auf Kuchenroste ziehen, Taler erkalten lassen.

• Für die Füllung Gelatine nach Packungsanleitung einweichen. Gelatine leicht ausdrücken und in einem kleinen Topf bei schwacher Hitze unter Rühren auflösen. Den Topf von der Kochstelle nehmen. Joghurt nach und nach unter die Gelatine rühren. Mascarpone und Zucker geschmeidig rühren, Joghurt-Gelatine-Masse unterrühren. Die Orange heiß abwaschen, abtrocknen und die Schale fein abreiben. Die Orange halbieren und den Saft auspressen. Orangensaft und -schale unter die Creme rühren, mit Zitronensaft abschmecken. Evtl. Speisefarbpaste unterrühren. Die Creme unter gelegentlichem Rühren kalt stellen, bis sie anfängt zu gelieren. Dann die Creme in einen Spritzbeutel mit Lochtülle (Ø 12 mm) füllen.

• Himbeeren verlesen, evtl. kurz abspülen und gut trocken tupfen. Die 10 größten Taler nebeneinander auf die Arbeitsfläche legen und mit jeweils 3 Himbeeren belegen. Himbeeren mit einer Hand festhalten und jeweils einen Tupfen von der Creme daraufspritzen. Mit den nächst größeren Talern belegen. Himbeeren und Creme auf die gleiche Weise daraufgeben.

• Dann die kleineren Taler mit jeweils einen Tupfen Creme daraufsetzen. Die Whoopie-Türmchen mit je einer Himbeere garnieren und mit den beiseitegestellten Pistazienkernen bestreuen.

Weißer Traum

Für den flachen Kuchen:
200 g Butter (zimmerwarm)
300 g gem. Haselnusskerne
2 geh. TL Dr. Oetker Backin
180 g Zucker, 6 Eier (Größe M)
25 g gesiebtes Kakaopulver
1 TL gem. Zimt
75 g schwarze Johannisbeerkonfitüre

Für den hohen Kuchen:
200 g Butter (zimmerwarm)
300 g abgezogene gem. Mandeln
2 geh. TL Dr. Oetker Backin
180 g Zucker
6 Eier (Größe M)
1 Pck. Dr. Oetker Vanillin-Zucker
75 g schwarze Johannisbeerkonfitüre
250 g Aprikosenkonfitüre

Zum Garnieren:
700 g weißer Rollfondant
2 TL CMC Sugarcel (Pulver)
etwa 100 g Puderzucker zum Bearbeiten
1 Eiweiß (Größe M)

Zum Garnieren:
125 g frische verlesene Himbeeren

Zubereitungszeit: 3 Stunden, ohne Abkühl- und Trockenzeit (Trockenzeit etwa 6 Stunden)
Backzeit: etwa 35 Minuten für den breiten Kuchen, etwa 70 Minuten für den hohen Kuchen

• Backofen vorheizen. Ober-/Unterhitze: etwa 180 °C, Heißluft: etwa 160 °C. Für den flachen Kuchen Butter mit einem Mixer (Rührstäbe) auf höchster Stufe schaumig schlagen. Haselnusskerne mit Backpulver mischen, mit Zucker, Eiern, Kakao, Zimt und Konfitüre zur Buttermasse geben und in etwa 1 Minute zu einem glatten Teig verrühren. Teig in eine Springform (Ø 28 cm, mit Backpapier belegt) geben und glatt streichen. Die Form auf dem Rost in den vorgeheizten Backofen schieben. Kuchen **etwa 35 Minuten backen.**

• Für den hohen Kuchen inzwischen einen Bogen Alufolie in eine Tarteform legen. Flexiblen Tortenring mit 9 cm Höhe auf 18 cm Durchmesser ausziehen und in die Form stellen, überstehende Folie zum Ring hin einrollen und andrücken. Aus den angegebenen Zutaten (ohne Aprikosenkonfitüre) wie unter Punkt 1 beschrieben einen Teig zubereiten, in den Tortenring geben und verstreichen. Springform aus dem Backofen nehmen, auf einen Kuchenrost stellen. Kuchen in der Form erkalten lassen.

• Die Tarteform in den heißen Backofen schieben. Den hohen Kuchen bei gleicher Backofentemperatur **etwa 40 Minuten backen.** Dann die Backofentemperatur um etwa 20 °C herunterschalten und den Kuchen in **weiteren etwa 30 Minuten fertig backen.** Tarteform auf einen Kuchenrost stellen. Kuchen in dem Tortenring erkalten lassen. Beide Kuchen aus den Formen lösen. Mitgebackenes Backpapier und Alufolie entfernen. Aprikosenkonfitüre 1–2 Minuten kochen lassen. Beide Kuchen damit einstreichen. Den flachen Kuchen auf einen Teller legen.

• Zum Garnieren Fondant mit Sugarcel-Pulver geschmeidig kneten. Die Hälfte des Fondants in einem Gefrierbeutel beiseitelegen. Restlichen Fondant mit Puderzucker bestäuben, auf einer Silikonmatte zu einer 70 cm langen Rolle formen. Die Rolle mit einer Teigrolle etwa 20 cm breit ausrollen und in 10 je 2 cm breite Streifen schneiden. Streifen jeweils an einer Seite mit einem Kugelformer (oder kleinem Teelöffel) ausfransen (Step 1). Aus den Streifen 3 Ringe mit der Fransenseite nach unten dachziegelartig an die untere Kuchenseite legen und andrücken (für jeden Ring die Streifen an der Kuchenseite zusammensetzen). 3 weitere Ringe wie beschrieben daranlegen, sodass in der Mitte des Kuchens ein Kreis (Ø etwa 19 cm) frei bleibt.

• Fondant aus dem Beutel mit Puderzucker bestäuben, zu einer 60 cm langen Rolle formen, wie beschrieben ausrollen, in Streifen schneiden und ausfransen. 6 Rüschen leicht mit Puderzucker bestäuben und untereinanderlegen. Die dicke Seite dünn mit verschlagenem Eiweiß bestreichen. Streifen dachziegelartig aufeinanderlegen und leicht andrücken (Fransen nach unten). Tortenring (gesäubert und trocken) auf 17 cm Durchmesser ausziehen. Auf das Fondantstreifen-Rechteck legen, Tortenring damit umwickeln (Step 2). Nahtstelle mit Eiweiß bestrei-

chen, zusammenkleben und überstehende Enden abschneiden. Tortenring mit den Rüschen auf die kleine Torte stellen. Rüschen bis zur Hälfte vom Tortenring ziehen und an den Kuchenrand drücken. Tortenring auf dem Kuchen stehen lassen (Rüschen etwas auseinanderbiegen). Restliche 4 Fondantstreifen ausfransen, ringweise zusammensetzen und so um den Kuchen legen, dass die Seiten komplett mit Rüschen bedeckt sind. Kleinen Kuchen auf den großen stellen.

- Rüschen 6 Stunden trocknen lassen. Tortenring vorsichtig lösen und herausziehen. Vor dem Servieren Himbeeren auf den Kuchen legen.

Schoko-Kokos-Torte

Für den Teig:
350 g Zartbitter-Kuvertüre
200 g Butter (zimmerwarm)
220 g Zucker
6 Eigelb (Größe M)
120 g Weizenmehl
10 g gesiebtes Kakaopulver
1 gestr. TL Dr. Oetker Backin
6 Eiweiß (Größe M)
1 Prise Salz
200 g gem. Cashewkerne

Für die Buttercreme:
150 g weiße Kuvertüre
300 g Butter (zimmerwarm)
Mark von 1 Vanilleschote
140 g Puderzucker
200 ml Kokoscreme (zimmerwarm)
je 1 Msp. Speisefarbpaste
Rot, Violett, Pfirsich, Gelb

Für die bunten Schokospäne:
150 g weiße Kuvertüre
je 1 Msp. Speisefarbpaste
Rot und Orange
1 TL roter Zucker

Zubereitungszeit: 60 Minuten, ohne Kühlzeit
Backzeit: etwa 70 Minuten

- Einen Bogen Alufolie in eine Tarteform legen. Einen flexiblen Tortenring mit 9 cm Höhe auf 20 cm Durchmesser ausziehen, in die Form stellen, überstehende Folie zum Ring hin einrollen und andrücken. Backofen vorheizen. Ober-/Unterhitze: etwa 170 °C, Heißluft: etwa 150 °C.

- Kuvertüre hacken, in einer Schüssel im Wasserbad bei schwacher Hitze unter Rühren schmelzen. Kuvertüre auf Zimmertemperatur abkühlen lassen. Butter, 120 g Zucker und Eigelb mit dem Mixer (Rührstäbe) auf höchster Stufe etwa 4 Minuten schaumig schlagen. Mehl mit Kakao und Backpulver mischen. Eiweiß mit Salz mit dem Mixer (Rührstäbe) schaumig schlagen. Restlichen Zucker nach und nach unterschlagen, bis ein fester Schaum entstanden ist. Ein Drittel des Eischnees zur Buttermasse geben. Cashewkerne und Mehlmischung daraufgeben, mit einem Teigspachtel unter die Buttermasse rühren. Restlichen Eischnee vorsichtig unterheben. Den Teig in dem vorbereiteten Tortenring glatt streichen. Die Form auf dem Rost in den vorgeheizten Backofen (untere Schiene) schieben. Die Torte **etwa 70 Minuten backen.**

- Die Form auf einen Kuchenrost stellen, Torte in der Form erkalten lassen. Dann die Torte aus dem Tortenring lösen. Einen Servierteller auf die Tortenoberfläche legen, Torte umdrehen, Alufolie abziehen. Torte wieder umdrehen und 3-mal waagerecht durchschneiden.

- Kuvertüre wie unter Punkt 2 beschrieben schmelzen, abkühlen lassen. Butter, Vanillemark, geschmolzene Kuvertüre und Puderzucker mit dem Mixer (Rührstäbe) auf höchster Stufe in etwa 5 Minuten schaumig schlagen. Kokoscreme esslöffelweise unterschlagen. Buttercreme in 4 Schalen füllen. Mit je 1 Messerspitze Farbpaste in 4 unterschiedlichen Farben einfärben.

- Den unteren Boden auf den Servierteller legen, die Böden jeweils mit einer farbigen Buttercreme bestreichen und wieder zu einer Torte aufschichten. Die gelbe Buttercreme auf den letzten Boden streichen.

- Eine Marmorplatte (etwa 30 x 20 cm) etwa 15 Minuten in den Gefrierschrank stellen. Inzwischen die Kuvertüre wie unter Punkt 2 beschrieben schmelzen. Die Hälfte in 2 vorgewärmten Tassen verteilen. In eine Tasse 1 Messerspitze rote und in eine Tasse 1 Messerspitze orange Speisefarbpaste geben und unterrühren. Die Marmorplatte trocken reiben. Etwa 2 Esslöffel von der gefärbten oder weißen Kuvertüre daraufgeben. Schnell mit einem Japanspachtel dünn ausstreichen, sofort mit einem zweiten Japanspachtel abschaben. Nacheinander die farbige und weiße Kuvertüre wie beschrieben ausstreichen, mit Zucker bestreuen, dann abschaben. Geschabte Kuvertüre dekorativ auf die Torte schichten. Die Torte in den Kühlschrank stellen. 2–3 Stunden vor dem Servieren aus dem Kühlschrank nehmen.

Mit Glanz und Stil

Manchmal muss es einfach mal was Besonderes sein. Rollen Sie doch ruhig den roten Teppich für glamouröse Tortenkreationen aus. Geschmack, Komposition und Kreation ergänzen sich perfekt und sorgen für einen unvergesslichen Genuss mit allen Sinnen. Versuchen Sie es erst gar nicht – bei diesen verführerischen Ideen ist jeder Widerstand zwecklos.

Blütentraum-Torte

Für den Teig:
300 g Zartbitter-Kuvertüre
50 g gesalzene Erdnusskerne
150 g Erdnusscreme
200 g Butter (zimmerwarm)
180 g Zucker
6 Eigelb (Größe M)
180 g Weizenmehl
1 gestr. TL Natron
1 gestr. TL Dr. Oetker Backin
6 Eiweiß (Größe M)

Für das Erdbeerpüree:
250 g Erdbeeren
40 g Zucker

Für die Buttercreme:
1 Pck. Dr. Oetker Pudding-Pulver Vanille-Geschmack
500 ml Milch (3,5 % Fett)
100 g Schlagsahne
70 g Zucker
1 Pck. Dr. Oetker Vanillin-Zucker
300 g Butter (zimmerwarm)
120 g Puderzucker
je 1 Tupfen Speisefarbpaste

Zubereitungszeit: 70 Minuten, ohne Kühlzeit
Backzeit: etwa 75 Minuten

- Einen Bogen Alufolie in eine Tarteform legen. Einen flexiblen Tortenring mit 9 cm Höhe auf 18 cm Durchmesser ausziehen, in die Form stellen. Überstehende Folie zum Ring hin einrollen und andrücken. Backofen vorheizen. Ober-/Unterhitze: etwa 170 °C, Heißluft: etwa 150 °C.

- Für den Teig Kuvertüre grob hacken, in einer Schüssel im Wasserbad bei schwacher Hitze unter Rühren schmelzen. Kuvertüre auf Zimmertemperatur abkühlen lassen. Erdnusskerne grob hacken. Erdnusscreme, Butter, 120 g Zucker und Eigelb mit einem Mixer (Rührstäbe) auf höchster Stufe etwa 4 Minuten schaumig schlagen. Erdnusskerne und Kuvertüre kurz unterrühren. Mehl mit Natron und Backpulver mischen, auf die Buttermasse geben. Eiweiß mit dem Mixer (Rührstäbe) schaumig schlagen. Restlichen Zucker (60 g) nach und nach unterschlagen, so lange schlagen, bis ein fester Schaum entstanden ist. Ein Drittel des Eischnees zur Butter-Mehl-Masse geben, mit einem Spachtel untermischen. Restlichen Eischnee vorsichtig unterheben. Teig in dem vorbereiteten Tortenring glatt streichen. Die Form auf dem Rost in den vorgeheizten Backofen schieben. Die Torte **etwa 75 Minuten backen.**

- Die Form auf einen Kuchenrost stellen. Die Torte erkalten lassen, dann aus dem Tortenring lösen. Einen Servierteller auf die Torte legen, Torte umdrehen. Alufolie abziehen. Torte wieder umdrehen und 4-mal waagerecht durchschneiden. Unteren Boden auf eine Tortenplatte legen.

- Für das Püree Erdbeeren putzen, abspülen, abtropfen lassen, entstielen und pürieren, Zucker untermischen. Püree auf die 4 unteren Böden streichen, die Böden wieder aufeinanderlegen und mit dem letzten Boden bedecken.

- Für die Buttercreme Pudding-Pulver mit 6 Esslöffeln Milch anrühren. Restliche Milch, Sahne, Zucker und Vanillin-Zucker zum Kochen bringen. Angerührtes Pudding-Pulver in die Milchsahne rühren, unter Rühren aufkochen und etwa 1 Minute unter Rühren kochen lassen. Frischhaltefolie direkt auf den heißen Pudding legen, Pudding bei Zimmertemperatur erkalten lassen. Butter und Puderzucker mit dem Mixer (Rührstäbe) auf höchster Stufe in etwa 4 Minuten schaumig rühren. Pudding kurz durchrühren, dann esslöffelweise unter die Buttermasse schlagen. Creme in vier Schalen verteilen. Mit je einem winzigen Tupfen roter, violetter, pfirsichfarbener und grüner Farbpaste einfärben.

- Eine gefärbte Creme in einen großen Spritzbeutel mit Rosettentülle (Ø 16 mm) füllen. An verschiedenen Stellen Rosetten auf die Torte spritzen. Spritzbeutel reinigen, nächste Creme einfüllen, wieder Rosetten aufspritzen. So fortfahren, bis die Torte mit Rosetten bedeckt ist. Die Torte in den Kühlschrank stellen. 2–3 Stunden vor dem Servieren aus dem Kühlschrank nehmen.

Swirl-Cupcakes

100 ml Rote-Bete-Saft
5 Maracuja- oder Passionsfrüchte
1 EL Wasser
1 kleine Birne (z. B. Forelle)

Für den Teig:
290 g Weizenmehl
1 gestr. TL Dr. Oetker Backin
½ gestr. TL Natron
125 g Zucker
1 Pck. Dr. Oetker Vanillin-Zucker
200 g Joghurt (3,5 % Fett)
75 ml Rapsöl
75 ml Milch (3,5 % Fett)
1 Ei (Größe M)

Für das Topping:
etwa 530 ml Maracujanektar
1 Pck. Dr. Oetker Pudding-Pulver Vanille-Geschmack
60 g Zucker
500 ml Milch (3,5 % Fett)
60 g Zucker
1 Pck. Dr. Oetker Vanillin-Zucker
1 Pck. Dr. Oetker Pudding-Pulver Vanille-Geschmack
650 g Butter (zimmerwarm)
100 g Puderzucker

12 silberfarbene Zuckerperlen

Außerdem:
12 Papierbackförmchen

Zubereitungszeit: 60 Minuten, ohne Abkühlzeit
Backzeit: etwa 30 Minuten je Backblech

• Rote-Bete-Saft sirupartig auf 1 Esslöffel einkochen, abkühlen lassen. Maracuja- oder Passionsfrüchte halbieren, mit einem Löffel aushöhlen. Fruchtmark mit den Kernen und Wasser in einen hohen Rührbecher geben, mit einem Pürierstab mixen, damit sich das Fruchtmark von den Kernen löst. Masse durch ein Sieb streichen, das Fruchtmark auffangen. Birne schälen, vierteln, entkernen, klein würfeln. 2 Esslöffel Fruchtmark mit dem Rote-Bete-Sirup und den Birnenwürfeln verrühren. Restliches Fruchtmark zugedeckt in den Kühlschrank stellen.
Den Backofen vorheizen. Ober-/Unterhitze: etwa 180 °C, Heißluft: etwa 160 °C.

• Für den Teig Mehl, Backpulver, Natron, Zucker und Vanillin-Zucker mischen. Joghurt, Rapsöl, Milch und Ei hinzugeben und mit einem Mixer (Rührstäbe) auf höchster Stufe kurz glatt rühren. Birnenwürfel mit der Flüssigkeit kurz unterrühren. Teig in einer Muffinform (für 12 Muffins, mit Papierbackförmchen ausgelegt) verteilen. Die Form auf dem Rost in den vorgeheizten Backofen schieben. Muffins **etwa 25 Minuten backen.**

• Die Form auf einen Kuchenrost stellen. Die Muffins etwa 5 Minuten in der Form stehen lassen, dann herausheben. Muffins auf dem Kuchenrost erkalten lassen.

• Für das Topping kalt gestelltes Fruchtmark mit Maracujanektar auf 550 ml auffüllen. Pudding-Pulver mit 5 Esslöffeln Nektar anrühren. Restlichen Nektar mit Zucker zum Kochen bringen. Angerührtes Pudding-Pulver in den Nektar rühren, unter Rühren aufkochen lassen. Frischhaltefolie direkt auf den heißen Pudding legen. Pudding auf Zimmertemperatur erkalten lassen. Aus Milch, Zucker, Vanillin-Zucker und Pudding-Pulver einen Vanillepudding nach Packungsanleitung kochen. Frischhaltefolie direkt auf den heißen Pudding legen. Pudding ebenfalls auf Zimmertemperatur erkalten lassen.

• Butter und Puderzucker mit dem Mixer (Rührstäbe) etwa 5 Minuten sehr schaumig schlagen. Die Hälfte der Buttermasse herausnehmen und beiseitestellen. Den Maracujapudding glatt rühren, esslöffelweise unter die restliche Buttermasse schlagen. Die Maracujacreme in einen großen Spritzbeutel ohne Tülle füllen. Rührschüssel und Rührstäbe säubern. Beiseitegestellte Buttermasse in die Rührschüssel füllen. Vanillepudding glatt rühren, esslöffelweise unter die Buttermasse schlagen, in einen zweiten großen Spritzbeutel ohne Tülle füllen.

• Einen dritten großen Spritzbeutel mit großer Lochtülle (Ø 14 mm) bis zur Hälfte aufkrempeln und auf die Arbeitsfläche legen. Die Maracujacreme in langen Linien, dicht an dicht, von der Tülle bis zur Kante, in den liegenden Spritzbeutel füllen (spritzen). Die Vanillecreme in langen Linien, dicht an dicht, von der Tülle bis zur Kante, auf die Maracujacreme spritzen,

sodass der liegende Spritzbeutel jeweils zur Hälfte mit Maracuja- und Vanillecreme gefüllt ist. Den gefüllten Spritzbeutel zurückkrempeln und zudrehen. Aus der Creme möglichst hohe Spiralen auf die Muffins spritzen. Den Spritzbeutel mit der Lochtülle säubern und wie beschrieben mit der restlichen Maracuja- und der Vanillecreme füllen. Wieder möglichst hohe Spiralen auf die restlichen Muffins spritzen. Spiralen mit je einer Silberperle garnieren.

Kirschrose (Titelrezept)

300 g TK-Sauerkirschen

Für den Teig:
300 g Weizenmehl
180 g brauner Rohrzucker
1 Pck. Dr. Oetker
Bourbon-Vanille-Zucker
je 1 TL gem. Kardamom, Zimt
2 gestr. TL Dr. Oetker Backin
½ gestr. TL Natron
100 g gem. Haselnusskerne
150 g Joghurt (3,5 % Fett)
100 g Schlagsahne
50 ml Rapsöl, 3 Eier (Größe M)

Zum Bestreichen:
100 g Sauerkirschkonfitüre
50 ml Sauerkirschsaft (von den Kirschen)
3 EL Zucker

Zum Garnieren:
300 g Marzipan-Rohmasse
150 g Puderzucker
etwa ½ TL rote Speisefarbpaste
1 kl. Msp. lila Speisefarbpaste

etwa 50 g Puderzucker zum Bestäuben
½ Eiweiß (Größe M), 2 EL Zucker

Zubereitungszeit: 60 Minuten, ohne Auftau- und Abkühlzeit, Backzeit: etwa 70 Minuten

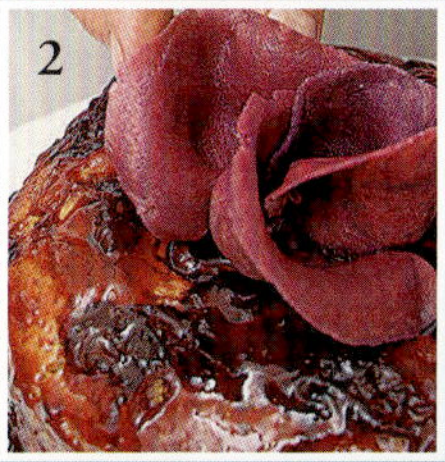

- Sauerkirschen nach Packungsanleitung auftauen lassen. Anschließend in ein Sieb geben, abtropfen lassen, den Saft auffangen und 50 ml abmessen, beiseitestellen.

- Den Backofen vorheizen. Ober-/Unterhitze: etwa 180 °C, Heißluft: etwa 160 °C. Einen Bogen Alufolie in eine Tarteform legen. Einen flexiblen Tortenring mit 9 cm Höhe auf 18 cm Durchmesser ausziehen. Den Tortenring in die mit Alufolie belegte Form stellen, die überstehende Folie zum Ring hin einrollen und andrücken.

- Für den Teig Mehl, Zucker, Vanille-Zucker, Kardamom, Zimt, Backpulver, Natron und Haselnusskerne in einer Rührschüssel mischen. Joghurt, Sahne, Rapsöl und Eier hinzugeben. Die Zutaten mit einem Mixer (Rührstäbe) kurz verrühren. Die Hälfte des Teiges in den Tortenring füllen. Die Sauerkirschen darauf verteilen. Restlichen Teig daraufgeben und glatt streichen.

- Die Form auf dem Rost in den vorgeheizten Backofen schieben. Den Kuchen **etwa 70 Minuten backen.** Die Form auf einen Kuchenrost stellen. Den Kuchen in dem Tortenring erkalten lassen. Dann aus dem Tortenring lösen und auf eine Servierplatte legen.

- Zum Bestreichen Konfitüre mit beiseitegestelltem Sauerkirschsaft und Zucker in einem Topf 1–2 Minuten unter Rühren kochen lassen. Den Kuchen damit bestreichen, Konfitüre erkalten lassen. Zum Garnieren Marzipan mit Puderzucker und den Farbpasten verkneten und zu einer Rolle (Ø etwa 3 cm) formen. 12 Scheiben von je 2 cm und 15 Scheiben von je 1 cm Breite abschneiden und mit Puderzucker bestäuben. Die Marzipanscheiben zu Kugeln formen.

- Für die Tortenoberfläche die kleinen Kugeln zu Talern formen und mit einem Löffelrücken am Rand erst etwas flacher formen, dann rundherum hauchdünn ausformen. Die Blütenblätter mit einer flexiblen Palette von der Arbeitsfläche lösen (Step 1) und halbieren.

- Die Blatthälften nacheinander mit der runden Seite noch oben um einen Finger legen und nach außen hin gewölbte Blätter formen. Zunächst drei Blätter ineinanderrollen und in die Mitte der Torte legen (Step 2). Weitere Blätter formen und auf der Torte zu einer Blüte zusammenlegen. Die größeren Kugeln auf die gleiche Weise ausformen und an den Tortenrand drücken. Dabei am oberen Rand beginnen.

- Das Eiweiß verschlagen. Die Ränder der Blütenblätter dünn mit Eiweiß bestreichen und mit Zucker bestreuen. Die Torte kann 1–2 Tage vor dem Servieren zubereitet werden.

Bunter Bubble-Hupf

Für den Teig:
200 g Butter (zimmerwarm)
200 g Zucker
1 Msp. rote Speisefarbpaste
4 Eier (Größe M)
450 g Weizenmehl
50 g abgezogene, gem. Mandeln
30 g Speisestärke
3 gestr. TL Dr. Oetker Backin
200 g Wildpreiselbeeren (aus dem Glas)
150 g Magerquark

Für die Schokosticks:
70 g Zartbitter-Kuvertüre
1–2 Tropfen Rum

Für die Heidelbeersahne:
500 g Schlagsahne (32 % Fett)
200 ml Waldheidelbeeren (aus dem Glas)
1 Pck. Gelatine fix (2 Beutel)
125 g frische Heidelbeeren

Außerdem für die Form:
1 EL Butter (zimmerwarm)
1 EL Weizenmehl

Zubereitungszeit: 60 Minuten, ohne Abkühlzeit (mind. 3 Stunden)
Backzeit: etwa 60 Minuten

• Den Backofen vorheizen. Ober-/Unterhitze: etwa 180 °C, Heißluft: etwa 160 °C.

• Eine Gugelhupfform (Ø 24 cm) mit Butter ausstreichen und mit Mehl ausstreuen, überschüssiges Mehl abklopfen. Die Form in den Kühlschrank stellen.

• Für den Teig die Butter in einer Rührschüssel mit einem Mixer (Rührstäbe) in etwa 3 Minuten schaumig schlagen. Zucker und Speisefarbpaste hinzugeben, weitere 4 Minuten schlagen. Die Eier nach und nach unterrühren (jedes Ei etwa ½ Minute).

• Mehl mit Mandeln, Speisestärke und Backpulver mischen, in 2 Portionen kurz auf mittlerer Stufe unter den Teig rühren. Wildpreiselbeeren und Quark unterrühren. Den Teig in die Gugelhupfform füllen und glatt streichen. Die Form auf dem Rost in den vorgeheizten Backofen schieben. Den Bubble Hupf **etwa 60 Minuten backen.**

• Für die Schokosticks in der Zwischenzeit die Kuvertüre grob hacken, in einem kleinen Topf im Wasserbad bei schwacher Hitze unter Rühren schmelzen. Einen Bogen Backpapier auf die Arbeitsfläche legen. Die Kuvertüre mit dem Rum verrühren, bis sie anfängt leicht dicklich zu werden, dann in einen Gefrierbeutel oder eine Spritztüte füllen und eine kleine Ecke bzw. eine 2 mm breite Spitze abschneiden. Beliebig lange, etwa 2–3 mm breite Streifen auf das Backpapier spritzen und fest werden lassen.

• Den Gugelhupf auf einen Kuchenrost stellen. Den gebackenen Bubble Hupf etwa 15 Minuten in der Form stehen lassen, dann aus der Form auf einen Servierteller stürzen und erkalten lassen.

• Für die Heidelbeersahne die Sahne steif schlagen. Heidelbeeren mit dem Saft in einen Mixbecher füllen. Gelatine fix hinzugeben und mit einem Pürierstab fein pürieren. Das Heidelbeerpüree portionsweise unter die Sahne heben.

• Die Heidelbeersahne in einen Spritzbeutel mit Lochtülle (Ø 10 mm) füllen und Tupfen dicht nebeneinander auf und an den Gugelhupf spritzen. Die fest gewordenen Schokosticks in etwa 5 cm lange Stücke brechen und in einige Tupfen stecken. Die frischen Heidelbeeren verlesen, abspülen, trocken tupfen und nach Belieben in den unteren Tupfenrand drücken.

Tipp: Sie können die Zutaten für die Heidelbeersahne halbieren.

Kirschkästchen

Zum Vorbereiten der Brandykirschen:
1 Vanilleschote
200 g Zucker
100 ml Wasser
500 g Süßkirschen mit Stiel oder 350 g abgetropfte Süßkirschen aus dem Glas
200 ml Brandy

Für den Biskuitteig:
80 g Butter
6 Eier (Größe M)
120 g Zucker
80 g Weizenmehl
100 g nicht abgezogene, gem. Mandeln
½ TL gem. Zimt

Zum Bestreichen:
150 g Nuss-Nougat-Stücke
30 g Butter
300 g Marzipan-Rohmasse
80–100 ml Milch (3,5 % Fett)

Für die Schokoladenplatten:
100 g rote Kuvertüre (erhältlich im Internet, Versand für Hobbybäcker)
150 g weiße Kuvertüre

Außerdem:
2 tiefgekühlte Kühlelemente

Zubereitungszeit: 120 Minuten, ohne Durchziehzeit (mind. 3 Tage) und Abkühlzeit
Backzeit: etwa 14 Minuten

- Vanilleschote längs aufschneiden, mit Zucker und Wasser in einem Topf bei schwacher Hitze etwa 3 Minuten kochen lassen. Topf von der Kochstelle nehmen. Den Sirup erkalten lassen. Kirschen waschen, trocken tupfen, mit den Stielen in ein verschließbares großes Glas füllen. Brandy mit Sirup verrühren und auf die Kirschen gießen. Das Glas mit dem Deckel verschließen und in den Kühlschrank stellen. Die Kirschen mindestens 3 Tage durchziehen lassen (entsteinte Süßkirschen aus dem Glas nur 1 Tag durchziehen lassen).

- Butter zerlassen, bräunen, dann auf Zimmertemperatur abkühlen lassen. Backofen vorheizen. Ober-/Unterhitze: etwa 180 °C, Heißluft: etwa 160 °C. Eier und Zucker mit dem Mixer (Rührstäbe) etwa 5 Minuten auf höchster Stufe schaumig schlagen. Mehl, Mandeln und Zimt mischen, mit der Butter nach und nach kurz unterheben. Teig auf einem Backblech (38 x 32 cm, mit Backpapier belegt) glatt streichen. Backblech in den vorgeheizten Backofen schieben. Biskuitplatte **etwa 14 Minuten backen.** Das Backblech auf einen Kuchenrost stellen. Biskuit erkalten lassen, dann auf ein Stück Backpapier (in Backblechgröße) stürzen. Mitgebackenes Backpapier abziehen. Nuss-Nougat und Butter in einer Schüssel im Wasserbad bei etwa 40 °C unter Rühren schmelzen. Biskuit damit bestreichen. Nougat-Butter etwas fester werden lassen.

- Marzipan in Stücke schneiden und in einen Rührbecher geben. 50 ml Sirup von den Kirschen darunter pürieren, dabei nach und nach so viel Milch zugeben, bis die Creme streichfähig ist. Etwa 80 g davon in einen Spritzbeutel mit Lochtülle (Ø 10 mm) füllen, beiseitelegen. Restliche Creme auf die Nougat-Butter streichen. Biskuitplatte vierteln (je 18 x 16 cm). Die Viertel aufeinanderlegen. Den Biskuitstapel in 16 Kästchen (je 4 ½ x 4 cm) schneiden.

- Rote und weiße Kuvertüre grob hacken, getrennt in je einer Schüssel im Wasserbad bei 35 ° C (Küchenthermometer benutzen) langsam unter gelegentlichem Rühren schmelzen. Auf die Seiten der Biskuitkästchen je einen Tupfen der Creme spritzen.

- Eine Kuchenplatte aus Metall etwa 10 Minuten einfrieren. 2 tiefgekühlte Kühlelemente auf die Arbeitsfläche legen. Die Kuchenplatte darauflegen. Von beiden Kuvertüren je knapp 1 Esslöffel zusammen sehr schnell auf die Platte gießen. Mit einen breiten Japanspachtel sofort zu einem sehr dünnen breiten Streifen (20 cm lang, 5 cm breit) verstreichen. Diesen mit dem Spachtel in 4 je 6 cm lange Platten schneiden. Daraus 2 Platten je 6 x 4 cm und 2 Platten je 6 x 4 ½ cm schneiden. Die Platten sofort mit dem Spachtel lösen, an die Seiten der Biskuitkästchen drücken. Restliche Kuvertüre auf die gleiche Weise verarbeiten und die restlichen Biskuitkästchen damit verkleiden. Kirschen aus dem Sirup nehmen, abtropfen lassen und auf die Kästchen legen. Kirschkästchen bis zum Servieren in den Kühlschrank stellen.

Stracciatellatorte mit Löffeln

250 g TK-Himbeeren
7 Blatt weiße Gelatine
800 g Schlagsahne (mind. 30 % Fett)
300 g Löffelbiskuits
70 g Zucker
50 g Zartbitter-Raspelschokolade

Für die Schokoladenlöffel:
400 g Zartbitter-Kuvertüre

1 EL Kakaopulver

Außerdem:
1 Alu-Tortenscheibe
1 Tortenring

Zubereitungszeit: 70 Minuten, ohne Antau- und Kühlzeit (mind. 6 Stunden)

- Himbeeren etwa 1 Stunde bei Zimmertemperatur antauen lassen.

- Eine Alu-Tortenscheibe mit Backpapier belegen. Einen flexiblen Tortenring mit 9 cm Höhe auf 22 cm Durchmesser ausziehen und daraufstellen.

- Gelatine nach Packungsanleitung einweichen. 500 g Sahne cremig steif schlagen. 2 Esslöffel davon als Ring an die untere Kante des Tortenrings streichen. Etwa 22 Löffelbiskuits auf etwa 8 cm Länge schneiden und mit der gezuckerten Seite nach außen in den Sahnering an den Tortenring stellen. Den Boden mit Löffelbiskuits auslegen. Die Lücken mit klein geschnittenen Löffelbiskuits ausfüllen. Eingeweichte Gelatine leicht ausdrücken, in einem kleinen Topf bei schwacher Hitze unter Rühren auflösen. 4 Esslöffel der geschlagenen Sahne unter die Gelatine rühren, dann mit der restlichen geschlagenen Sahne verrühren. Angetaute Himbeeren, Zucker und Raspelschokolade unterheben.

- Die Hälfte der Himbeer-Sahne-Creme in den mit Löffelbiskuits ausgelegten Tortenring geben, glatt streichen. Die restlichen Löffelbiskuits darauf verteilen. Restliche Himbeer-Sahne-Creme darauf glatt streichen. Die Torte zugedeckt mindestens 6 Stunden in den Kühlschrank stellen. Für die Schokoladenlöffel 12 Teelöffel umgedreht auf einen Kuchenrost legen und in den Gefrierschrank stellen.

- Kuvertüre klein hacken, zwei Drittel davon in einer Schüssel im Wasserbad bei schwacher Hitze unter Rühren schmelzen. Schüssel aus dem Wasserbad nehmen, restliche Kuvertüre darin unter Rühren schmelzen.

- Den Kuchenrost mit den Löffeln auf ein sauberes, trockenes Backblech stellen. Die Kuvertüre in einem Guss über jeden der Löffel geben, Kuvertüre einige Minuten anziehen lassen, bis sie fest geworden ist. Die Ränder mit einem Messer glatt schneiden. Die Kuvertürelöffel vorsichtig von den Teelöffeln lösen und bis zur weiteren Verwendung im Kühlschrank aufbewahren. Die heruntergelaufene Kuvertüre mit einer Teigkarte vom Backblech lösen und anderweitig verwenden.

- Restliche Sahne steif schlagen. Die Torte mit dem Backpapier von der Tortenscheibe auf eine Tortenplatte ziehen, Backpapier entfernen. Den Tortenring lösen und entfernen. Die Torte mit der Sahne wellenförmig einstreichen und mit Kakao bestäuben.

- Tortenrand und -oberfläche mit den Schokoladenlöffeln garnieren. Die Torte bis zum Servieren in den Kühlschrank stellen.

Flamencokuchen

250 g frische Himbeeren
Für den Teig:
125 g Butter (zimmerwarm)
200 g Zucker
2 Pck. Dr. Oetker Vanillin-Zucker
4 Eier (Größe M)
500 g Zitronenjoghurt (3,5 % Fett)
250 g Weichweizengrieß
300 g Weizenmehl
1 gestr. TL Dr. Oetker Backin
2 gestr. TL Natron

Für die Buttercreme:
200 g Butter (zimmerwarm)
1 Pck. Dr. Oetker
Bourbon-Vanille-Zucker
200 g Puderzucker

Zum Garnieren:
1 EL Speisestärke, 1 EL Puderzucker
800 g weißer Rollfondant
Farbpasten (rot, rubinrot, lila, gelb, orange, evtl. rosa und blau)

Zubereitungszeit: 120 Minuten, ohne Abkühlzeit Backzeit: etwa 100 Minuten

1

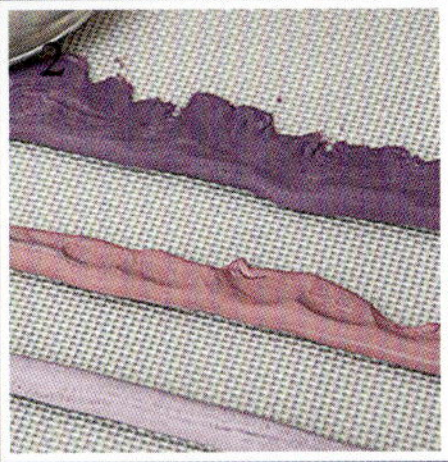
2

3

- Einen Bogen Alufolie in eine Tarteform legen. Einen flexiblen Tortenring mit 9 cm Höhe auf 18 cm Durchmesser ausziehen. Tortenring in die mit Alufolie belegte Form stellen, überstehende Folie zum Ring hin einrollen und andrücken. Backofen vorheizen. Ober-/Unterhitze: etwa 160 °C, Heißluft: etwa 140 °C. Himbeeren verlesen, evtl. kurz abspülen und trocken tupfen.

- Butter, Zucker und Vanillin-Zucker mit einem Mixer (Rührstäbe) in etwa 2 Minuten schaumig schlagen. Eier nach und nach unterrühren, Joghurt unterrühren. Grieß mit Mehl, Backpulver und Natron mischen, kurz unterrühren. Ein Drittel des Teiges in dem Tortenring glatt streichen. Die Hälfte der Himbeeren darauf verteilen. Wieder ein Drittel des Teiges daraufstreichen. Restliche Himbeeren daraufstreuen, restlichen Teig daraufstreichen. Die Form auf dem Rost in den vorgeheizten Backofen (untere Schiene) schieben. Den Kuchen **etwa 100 Minuten backen.**

- Die Form auf einen Kuchenrost stellen. Kuchen erkalten lassen, dann aus dem Tortenring lösen. Alufolie abziehen, Kuchen auf eine Tortenplatte setzen. Für die Buttercreme Butter und Vanille-Zucker mit dem Mixer (Rührstäbe) in 2 Minuten schaumig schlagen. Puderzucker hinzugeben, weitere 4–5 Minuten schlagen, bis eine schaumige Masse entstanden ist. Den Kuchen rundherum mit der Buttercreme einstreichen, evtl. kurz in den Kühlschrank stellen.

- Zum Garnieren Speisestärke mit Puderzucker mischen, durch ein feines Sieb geben. Den Fondant geschmeidig kneten. Sollte der Fondant kleben, die Arbeitsfläche mit sehr wenig von dem Stärke-Puderzucker-Gemisch bestäuben. Fondant zu einer etwa 40 cm langen Rolle formen, dann in 15 gleich große Stücke schneiden. Fondantstücke mit je 1 Messerspitze unterschiedlicher Farbpasten verkneten, sodass Regenbogenfarben entstehen (Step 1), dabei können auch Farben gemischt werden. Um dunklere, intensivere Farbtöne zu bekommen, die Farbmenge verdoppeln. Jedes Fondantstück sollte eine andere Farbtönung erhalten. Die Fondantstücke mit Frischhaltefolie bedecken, damit sie nicht antrocknen.

- Die Arbeitsfläche wieder mit sehr wenig von dem Stärke-Puderzucker-Gemisch bestäuben. Zuerst das dunkelste Fondantstück zu einer etwa 60 cm langen Rolle formen. Die Rolle an einer langen Seite flach drücken und mit einem Teelöffel die flache Seite ausfransen (Step 2). Den Löffel zwischendurch mit Küchenpapier abreiben, damit er trocken und sauber bleibt. Den Fondantstreifen mit einer flexiblen Palette von der Arbeitsfläche lösen, aufrollen und am unteren Rand des Kuchens abrollen und leicht in die Creme drücken (Step 3). Die restlichen Fondantstücke auf die gleiche Weise verarbeiten. Den Kuchen von unten nach oben damit einkleiden. Die Fondantstreifen für die Kuchenoberfläche in mehreren Runden auf die Oberfläche legen, bis diese bedeckt ist.

Korallentorte mit Erdbeeren

Für den Biskuitteig:
6 Eier (Größe M)
170 g Zucker
200 g Weizenmehl
einige Tropfen rote Speisefarbe

Für den Orangen-Läuterzucker:
100 ml Orangensaft
100 g Zucker

Für die Creme:
400 g TK Erdbeeren, aufgetaut
7 Blatt weiße Gelatine
600 g Schlagsahne (mind. 32 % Fett)
100 g Zucker

300 g Erdbeer-Kuvertüre (erhältlich im Internet, Versand für Hobbybäcker)
50 g weiße Kuvertüre
etwa 30 g Silberperlen

Außerdem:
1 Halbkugel-Schüssel
(Ø etwa 22 cm, etwa 2 ½-Liter-Inhalt)
1 Alu-Tortenscheibe

Zubereitungszeit: 80 Minuten, ohne Kühlzeit (mind. 10 Stunden), Backzeit: etwa 24 Minuten

• Ein Backblech (30 x 40 cm) und eine Alu-Tortenscheibe mit Backpapier belegen. Backofen vorheizen. Ober-/Unterhitze: etwa 180 °C, Heißluft: etwa 160 °C. Eier mit einem Mixer (Rührstäbe) auf höchster Stufe in 1 Minute schaumig schlagen. Zucker in 1 Minute unter Rühren einstreuen, weitere 4 Minuten schlagen, bis ein elastischer Schaum entstanden ist. Mehl kurz auf niedrigster Stufe unterrühren. Vom Teig 70 g abnehmen, mit roter Speisefarbe einfärben, in eine Papierspritztüte füllen. 6 Esslöffel des restlichen Teiges auf der Tortenscheibe zu einer runden Platte (Ø etwa 16 cm) verstreichen. Tortenscheibe auf dem Rost in den vorgeheizten Backofen schieben. Biskuitplatte **etwa 10 Minuten goldbraun backen.** Restlichen Teig auf dem Backblech glatt streichen. Roten Teig in der Spritztüte (eine kleine Ecke abschneiden) in Spiralen daraufspritzen. Runde Platte mit dem Backpapier auf einen Rost ziehen, erkalten lassen. Das Backblech in den heißen Backofen schieben. Spiralen-Biskuitplatte bei gleicher Backofentemperatur **etwa 14 Minuten goldbraun backen.**

• Spiralen-Biskuitplatte auf einen Bogen Backpapier stürzen. Mitgebackenes Backpapier evtl. mit kaltem Wasser bestreichen und vorsichtig abziehen. Biskuitplatte erkalten lassen. Für den Läuterzucker Saft und Zucker in einem Topf zum Kochen bringen. So lange rühren, bis sich der Zucker aufgelöst hat. Topf von der Kochstelle nehmen. Läuterzucker erkalten lassen.

• Spiralen-Biskuitplatte umdrehen. Backpapier abziehen, dabei braune Haut mit entfernen, evtl. mit den Fingern abrubbeln. Platte wieder umdrehen. Einen etwa 15 cm breiten Keil aus der Platte schneiden, beiseitelegen. Die Enden der Platte übereinanderschieben. Die Platte in die Schüssel legen, etwas andrücken. Überstehenden Biskuit abschneiden. Biskuitabschnitte und -keil beiseitelegen. Den Biskuitboden in der Schüssel mit ¾ des Läuterzuckers bestreichen.

• Für die Creme ⅔ der Erdbeeren mit dem Saft fein pürieren. Restliche Erdbeeren in Stücke schneiden. Gelatine nach Packungsanleitung einweichen. Sahne cremig steif schlagen. Eingeweichte Gelatine leicht ausdrücken und in einem kleinen Topf bei schwacher Hitze unter Rühren auflösen. Gelatine mit etwa 4 Esslöffeln von der Sahne verrühren. Zucker und Erdbeerpüree zur restlichen Sahne geben. Gelatinemasse gut unterrühren. Erdbeerstücke unterheben. Die Hälfte der Creme in der Schüssel glatt streichen. Runden Biskuit vom Backpapier lösen, auf die Creme legen, leicht andrücken und mit restlichem Läuterzucker bestreichen. Restliche Creme darauf glatt streichen. Beiseitegelegte Biskuitreste dicht an dicht darauflegen. Die Schüssel zugedeckt mindestens 10 Stunden in den Kühlschrank stellen. Eine Servierplatte umgedreht auf die Schüssel legen. Das Ganze umdrehen und die Schüssel vorsichtig abheben. Die Torte in den Kühlschrank stellen.

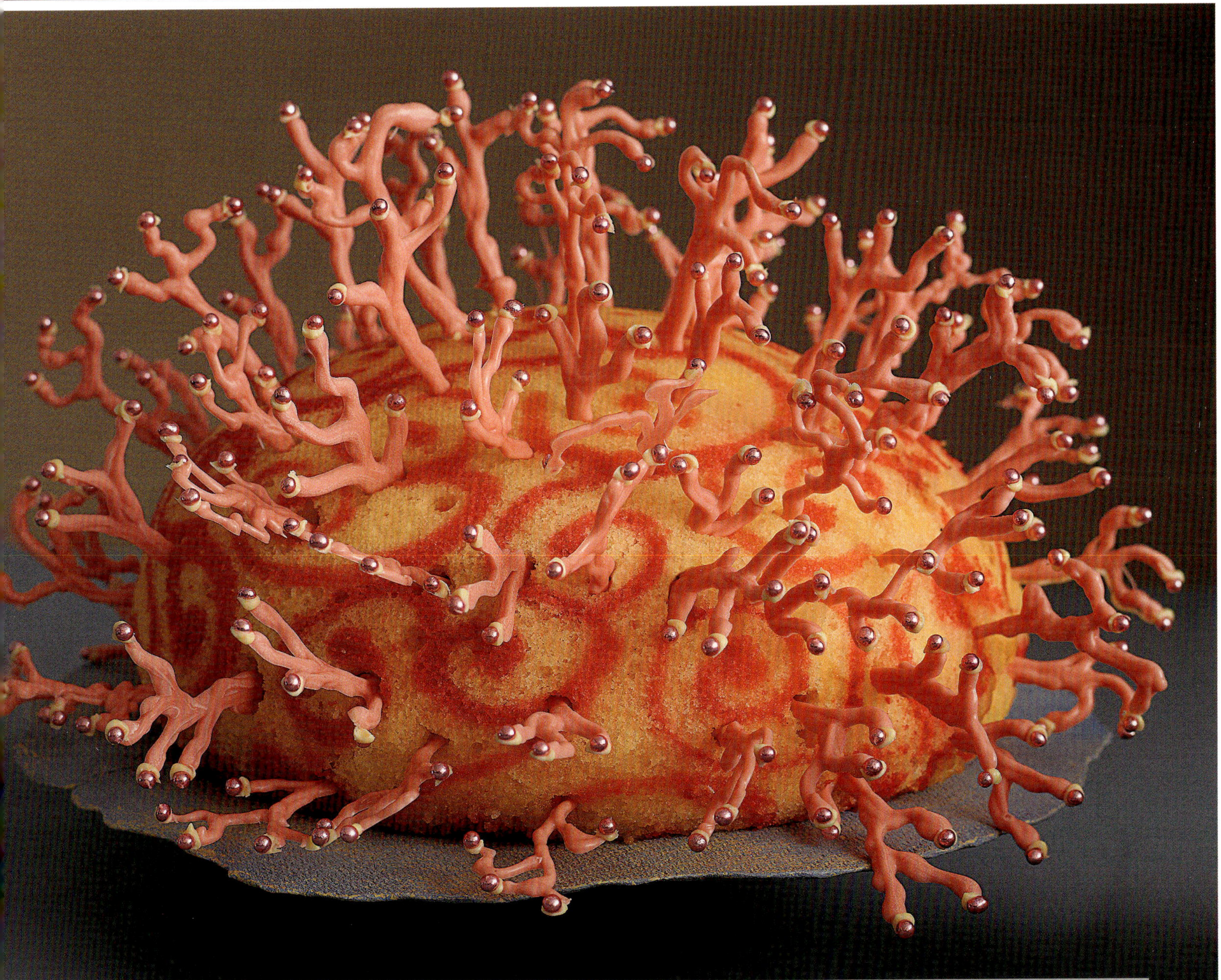

• Die Hälfte der Erdbeer-Kuvertüre in einer Edelstahlschüssel im Wasserbad bei 38–40 °C (Küchenthermometer) schmelzen. Die Schüssel aus dem Wasserbad nehmen. Restliche Kuvertüre unterrühren, etwa 5 Minuten ziehen lassen. Die Schüssel wieder in das Wasserbad stellen. Kuvertüre unter Rühren schmelzen. Die Kuvertüre in eine Papierspritztüte füllen, eine kleine Ecke abschneiden. Etwa 40 Korallen-Ornamente (Länge etwa 12 cm) auf Backpapier spritzen, dabei darauf achten, dass alle Teile gleich dick aufgespritzt werden. Ornamente fest werden lassen.

• Die weiße Kuvertüre bei 38–40 °C schmelzen. Jeweils einen kleinen Punkt auf die Enden der Ornamente geben. Je eine Silberperle daraufsetzen, trocknen lassen. Die Ornamente mit einer flexiblen Palette vorsichtig vom Backpapier lösen, in die Torte stecken. Die Torte bis zum Servieren in den Kühlschrank stellen.

Apfelcreme Muffins

2 Äpfel (etwa 300 g, z. B. Boskop)
15 Stängel Zitronenthymian

Für den Teig:
200 g Butter (zimmerwarm)
150 g Zucker
3 Eier (Größe M)
200 g Weizenmehl
1 TL gem. Zimt
1 Pck. Dr. Oetker Pudding-Pulver Vanille-Geschmack
100 g abgezogene, gem. Mandeln
1 gestr. TL Natron

Für das Topping:
600 ml Milch (3,5 % Fett)
60 g Zucker
1 Pck. Dr. Oetker Pudding-Pulver Vanille-Geschmack
400 ml Apfelsaft
100 ml Rote-Bete-Saft
60 g Zucker
1 Pck. Dr. Oetker Pudding-Pulver Vanille-Geschmack
600 g Butter (zimmerwarm)
100 g Puderzucker

Zum Garnieren:
50 g grob gehackte Zartbitter-Kuvertüre
1 TL Speiseöl
2 EL Zucker

Außerdem:
12 Papierbackförmchen

Zubereitungszeit: 80 Minuten, ohne Abkühlzeit
Backzeit: etwa 35 Minuten

• Die Äpfel schälen, vierteln, entkernen, in kleine Würfel schneiden. Thymian abspülen und trocken tupfen. Von 3 Stängeln die Blättchen abzupfen, restliche Stängel beiseitelegen. Den Backofen vorheizen. Ober-/Unterhitze: etwa 180 °C, Heißluft: etwa 160 °C.

• Für den Teig Butter und Zucker mit dem Mixer (Rührstäbe) cremig schlagen. Eier nacheinander unterschlagen. Mehl mit Zimt, Pudding-Pulver, Mandeln und Natron mischen, in 2 Portionen kurz unter den Teig rühren. Äpfel und Thymianblättchen unterheben. Den Teig in einer Muffinform (für 12 Muffins, mit Papierbackförmchen ausgelegt) verteilen. Die Form auf dem Rost in den vorgeheizten Backofen schieben. Muffins **etwa 35 Minuten backen.** Die Form auf einen Kuchenrost stellen. Die Muffins etwa 5 Minuten stehen lassen, dann aus der Form heben, auf dem Kuchenrost erkalten lassen.

• Für das Topping aus Milch, Zucker und Pudding-Pulver einen Pudding nach Packungsanleitung kochen. Frischhaltefolie direkt auf die Puddingoberfläche legen. Pudding bei Zimmertemperatur erkalten lassen. Aus den Säften, Zucker und Pudding-Pulver ebenso einen Apfelpudding kochen, mit Frischhaltefolie bedeckt erkalten lassen.

• Butter und Puderzucker mit dem Mixer (Rührstäbe) oder einer Küchenmaschine etwa 5 Minuten sehr schaumig schlagen. Buttermasse halbieren. Den Apfelpudding glatt rühren, esslöffelweise unter eine Hälfte der Buttermasse schlagen, dann in einen großen Spritzbeutel ohne Tülle füllen. Rührschüssel und -stäbe säubern. Restliche Buttermasse mit dem Vanillepudding ebenso verrühren, in einen zweiten großen Spritzbeutel ohne Tülle füllen.

• Einen dritten großen Spritzbeutel mit Rosettentülle (Ø 16 mm) bis zur Hälfte aufgekrempelt auf die Arbeitsfläche legen. Die Hälfte der Apfelcreme in Linien, dicht an dicht, von der Tülle bis zur Kante, in den liegenden Spritzbeutel spritzen. Die Hälfte der Vanillecreme in Linien, dicht an dicht, von der Tülle bis zur Kante, daraufspritzen. Den gefüllten Spritzbeutel zurückkrempeln und zudrehen. Die Creme in möglichst hohen Rosetten auf die Muffins spritzen.

• Den Spritzbeutel mit der Rosettentülle säubern. Mit der restlichen Apfel- und Vanillecreme wie eben beschrieben die restlichen Muffins mit Rosetten verzieren.

• Kuvertüre mit Speiseöl in einer kleinen Schüssel im Wasserbad bei schwacher Hitze unter Rühren schmelzen. Beiseitegelegte Thymianstängel durch die Kuvertüre ziehen, abtropfen lassen, auf Backpapier legen, mit Zucker bestreuen, fest werden lassen. Cremerosetten damit garnieren.

Rote Segel-Schiffchen

Für den Teig:
220 g Weizenmehl
1 TL gesiebtes Kakaopulver
140 g Butter
70 g Zucker
1 Eigelb (Größe M)
1 Prise Salz
1 Prise gem. Kardamom

Für die Creme:
400 g TK- Brombeeren

Zum Bestreichen:
70 g weiße Kuvertüre
1 TL Speiseöl

4 Blatt weiße Gelatine
60 g Zucker
300 g Schlagsahne (mind. 32 % Fett)

Für die Karamellkreise:
200 g Isomalt (erhältlich im Versand für Hobbybäcker, Internet)
1 Msp. rote und violette Speisefarbpaste

Außerdem:
24 Schiffchen-Formen
2 EL Butter (zimmerwarm)
2 EL Weizenmehl

Zubereitungszeit: 60 Minuten, ohne Auftau- und Kühlzeit (mind. 4 Stunden)
Backzeit: etwa 12 Minuten

- Die Schiffchen-Formen mit Butter ausstreichen und mit Mehl ausstreuen, überschüssiges Mehl abklopfen. Die Formen in den Kühlschrank stellen. Für den Teig die angegebenen Zutaten in eine Rührschüssel geben und mit den Händen zu einem glatten Teig verkneten. Den Teig in Frischhaltefolie wickeln und mindestens 3 Stunden in den Kühlschrank legen.

- Für die Creme die Brombeeren nach Packungsanleitung auftauen lassen. Den Backofen vorheizen. Ober-/Unterhitze: etwa 180 °C, Heißluft: etwa 160 °C.

- Den gekühlten Teig aus der Schüssel nehmen, auf einer bemehlten Arbeitsfläche geschmeidig kneten, mit Mehl bestäuben und etwa 3 mm dick ausrollen. Die Schiffchen-Formen dicht nebeneinander stellen. Den Teig mit Mehl bestäuben, auf der Teigrolle aufrollen und auf den Formen wieder abrollen. Den Teig mit einem Backpinsel leicht in die Formen drücken. Anschließend mit der Teigrolle so über die Formen rollen, dass der Teig gleichzeitig abgeschnitten wird. Die Teigböden mit einer Gabel einstechen.

- Die Formen auf ein Backblech stellen. Das Backblech in den vorgeheizten Backofen schieben. Die Schiffchen **etwa 12 Minuten backen.** Die gebackenen Schiffchen erkalten lassen, dann vorsichtig aus den Formen lösen. Zum Bestreichen die Kuvertüre grob hacken, mit dem Speiseöl in einer Schüssel im Wasserbad bei schwacher Hitze unter Rühren schmelzen. Die Schiffchen mit der Kuvertüre ausstreichen, Kuvertüre fest werden lassen.

- Die Gelatine nach Packungsanleitung einweichen. Die Brombeeren pürieren, durch ein Sieb streichen und mit Zucker verrühren. Gelatine leicht ausdrücken, in einem kleinen Topf bei schwacher Hitze unter Rühren auflösen. Gelatine zuerst mit 3 Esslöffeln des Brombeerpürees verrühren, dann mit dem restlichen Püree verrühren. Das Püree zugedeckt in den Kühlschrank stellen.

- Sahne steif schlagen. Sobald das Püree anfängt zu gelieren, die Sahne portionsweise unterrühren. Die Creme in den Schiffchen verteilen und in den Kühlschrank stellen.

- Für die Karamellkreise etwa 1 Stunde vor dem Servieren Isomalt in einen Topf geben und bei mittlerer Temperatur schmelzen lassen. Farbpasten unterrühren. Den Karamell etwas abkühlen lassen. Zwei Backbleche mit Backpapier belegen. Den Karamell zügig mit einem Esslöffel zu 24 Kreisen auf das Backpapier träufeln und fest werden lassen.

- Die Karamellkreise vom Backpapier lösen und kurz vor dem Servieren in die Creme stecken.

Bunt und wild

Zeigen Sie doch mal Mut zur Farbe. Mit diesen Rezeptideen zaubern Sie die absoluten Hingucker auf den Tisch. Es ist wie mit der Mode: Wenn man in der richtigen Stimmung ist, dann sind bunte Kreationen und ungewöhnliche Accessoires genau richtig für den großen Auftritt. Diese Tortenstars bringen Sie mitten ins Scheinwerferlicht. Versprochen!

Popart-Torte

150 g aufgetaute TK-Brombeeren
oder TK-Beerenmischung

Für den Teig:
200 g Marzipan-Rohmasse
Schale und Saft von 2 Bio-Zitronen (unbehandelt, ungewachst)
400 g Butter (zimmerwarm)
350 g Puderzucker
1 Pck. Dr. Oetker Bourbon-Vanille-Zucker
8 Eier (Größe M)
460 g Weizenmehl
2 gestr. TL Dr. Oetker Backin
1 gestr. TL Dr. Oetker Natron

Für das Buttericing:
350 g Butter (zimmerwarm)
150 g Puderzucker
2 Pck. Dr. Oetker Bourbon-Vanille-Zucker

Für den Überzug:
700 g weißer Rollfondant
je 2 Msp. Speisefarbpaste, violett, hellgrün, gelb, himmelblau, rubinrot
1 EL Puderzucker
1 EL Speisestärke
1 EL Eiweiß

Zubereitungszeit: 100 Minuten, ohne Abkühlzeit
Backzeit: etwa 90 Minuten

• Beeren in einem Sieb abtropfen lassen (Saft anderweitig verwenden), dann fein pürieren. Einen flexiblen Tortenring (9 cm hoch) auf 22 cm Durchmesser ausziehen und in eine mit Alufolie ausgelegte Tarteform stellen. Die überstehende Folie zum Ring hin einrollen und andrücken. Den Backofen vorheizen. Ober-/Unterhitze: etwa 170 °C, Heißluft: etwa 150 °C.

• Marzipan in dünne Scheiben schneiden. Zitronenschale, Marzipan, Butter, Puder- und Vanille-Zucker in der Küchenmaschine (Rührstäbe) etwa 4 Minuten schaumig schlagen. Zitronensaft hinzugeben. Eier nacheinander unterschlagen. Mehl mit Backpulver und Natron mischen, in 2–3 Portionen kurz unterrühren. Beerenpüree so mit einem Teigspachtel unterheben, dass gleichmäßige Schlieren entstehen. Teig in dem Tortenring glatt streichen. Die Form auf dem Rost in den vorgeheizten Backofen (untere Schiene) schieben. Torte **etwa 90 Minuten backen,** evtl. nach 40 Minuten mit Backpapier bedecken. Die Form auf einen Kuchenrost stellen. Torte erkalten lassen. Dann aus dem Tortenring lösen und auf einen Servierteller setzen.

• Für das Icing Butter, Puder- und Vanille-Zucker mit dem Mixer in etwa 5 Minuten sehr schaumig schlagen. Die Torte damit vollständig glatt einstreichen, etwa 20 Minuten in den Kühlschrank stellen. Für den Überzug Fondant geschmeidig kneten, in 5 gleich große Stücke teilen. Diese mit der Speisefarbe in violett, hellgrün, gelb, himmelblau und rubinrot einfärben. Vom violetten und rubinroten Fondant je 25 g abnehmen und in Frischhaltefolie wickeln.

• Die Fondantstücke zu je etwa 40 cm langen Rollen formen. Diese in beliebig lange Stücke schneiden und in bunter Reihenfolge wieder zu 5 etwa 40 cm langen Rollen zusammensetzen. Puderzucker und Stärke mischen. Die Arbeitsfläche dünn mit etwas davon bestäuben. Eine Fondantrolle der Länge nach, parallel zur Arbeitsfläche, darauflegen. Restliche Rollen daranlegen und dünn mit etwas Puderzucker-Stärke-Mischung bestäuben. Die Rollen zu einem Streifen (etwa 75 x 20 cm) ausrollen. Den Streifen an einer Längsseite gerade schneiden. Einen etwa 3 cm breiten Streifen abschneiden und beiseitelegen.

• Einen Streifen Fondant in Höhe der Torte abschneiden, aufrollen und an der Tortenseite abrollen. Dabei fest an das Icing drücken. Überlappenden Fondant abschneiden, zusammendrücken, dünn mit etwas Puderzucker-Stärke-Mischung bestäuben und zu einer runden Platte (Ø etwa 24 cm) ausrollen. Diese auf die Tortenoberfläche legen, evtl. überstehenden Rand abschneiden. Eiweiß verschlagen, dünn auf den Tortenrand streichen. Beiseitegelegten Fondantstreifen aufrollen, auf dem Tortenrand abwickeln und andrücken. Den beiseitegelegten violetten und roten Fondant zu je etwa 25 kleinen Kugeln formen, als Ring auf die Torte legen. Die Torte bei niedriger Zimmertemperatur aufbewahren.

Cassis-Mokka-Torte

Für die Mokkasahne:
50 g ganze geröstete Arabica-Kaffeebohnen
750 g Schlagsahne (mind. 32 % Fett)

100 ml Rote-Bete-Saft

Für das Baiser:
250 g Eiweiß (von etwa 8 Eiern, Größe M)
1 Prise Salz
200 g feiner Zucker
200 g abgezogene, gem. Mandeln
2 gestr. TL Speisestärke
1 Msp. gem. Zimt

Zum Bestreichen:
4 EL schwarze Johannisbeerkonfitüre (etwa 120 g)

40 g Puderzucker
1 Pck. Dr. Oetker Bourbon-Vanille-Zucker

Zum Bestreuen:
100 g weiße Kuvertüre (für etwa 40 g Schokospäne)

Zubereitungszeit: 60 Minuten, ohne Durchziehzeit (12 Stunden), Kühlzeit (mind. 2 Stunden), Back- bzw. Trockenzeit: etwa 90 Minuten

- Für die Mokkasahne Kaffeebohnen und Sahne in eine Rührschüssel geben und zugedeckt etwa 12 Stunden in den Kühlschrank stellen. Rote-Bete-Saft in einem kleinen Topf zum Kochen bringen und sirupartig auf etwa 1 Esslöffel einkochen. Topf beiseitestellen. Drei Bögen Backpapier (in Backblechgröße) auf die Arbeitsfläche legen. Einen flexiblen Tortenring auf 18 cm Durchmesser ausziehen. Auf zwei Bögen je zwei Kreise mit je einem Durchmesser von 18 cm zeichnen, auf den dritten Bogen, mit mindestens 1 ½ cm Abstand zueinander, 10 Kreise mit je einem Durchmesser von 8 cm zeichnen. Die Bögen umgedreht auf 3 Backbleche legen.

- Den Backofen vorheizen. Heißluft: etwa 150 °C (Ober-/Unterhitze: nicht geeignet). Für das Baiser Eiweiß mit Salz und 1 Esslöffel des Zuckers mit dem Mixer (Rührstäbe) steif schlagen. Restlichen Zucker esslöffelweise unterschlagen, dann noch weitere 4–5 Minuten schlagen, bis der Eischnee eine cremig-feste Konsistenz hat und glänzt. Mandeln, Speisestärke und Zimt mischen und zügig unterheben. Beiseitegestellten Sirup mit einem Teigschaber schlierenartig unter die Eischneemasse heben.

- Die Masse in einen großen Spritzbeutel mit Lochtülle (Ø 12 mm) geben und spiralförmig von außen nach innen in die vorgezeichneten Kreise spritzen. Mit einem Teelöffel die Sirupreste aus dem Topf lösen, auf die kleinen Baiserplatten tropfen lassen und leicht verstreichen. Die Backbleche zusammen in den vorgeheizten Backofen schieben, dabei **die Backofentemperatur auf 100 °C herunterschalten**. Die Baiserplatten **etwa 60 Minuten backen.** Anschließend die Backofentemperatur auf 80 °C herunterschalten und die Platten weitere **etwa 30 Minuten trocknen lassen**. Die Backbleche auf 3 Kuchenroste stellen. Baiserplatten etwa 5 Minuten abkühlen lassen, dann vorsichtig vom Backpapier lösen.

- Zum Bestreichen die Konfitüre glatt rühren, gleichmäßig auf den großen Baiserplatten verteilen und glatt streichen. Die vorbereitete Mokkasahne durch ein Sieb in eine hohe Rührschüssel gießen, die Kaffeebohnen entfernen. Sahne in 2 Portionen steif schlagen. Puderzucker mit Vanillin-Zucker mischen und kurz unterrühren. Sahne in 5 Portionen teilen. Eine Sahneportion auf den ersten großen Boden streichen. Den zweiten Boden darauflegen, mit einer weiteren Sahneportion bestreichen. So fortfahren, bis alle großen Böden aufgeschichtet sind. Den Tortenrand mit der restlichen Sahne bestreichen. Die kleinen Baiserplatten an den Tortenrand und auf die Tortenoberfläche drücken.

- Zum Bestreuen Kuvertüre mit einen Sparschäler in feine Späne hobeln und in die Zwischenräume der kleinen Baiserplatten streuen. Die Torte etwa 1 Stunde zugedeckt in den Kühlschrank stellen und dann servieren.

Marshmallow-Torte

100 ml Rote-Bete-Saft

Für den Teig:
400 g Weizenmehl
1 Prise Salz
1 Prise ger. Muskatnuss
1 Prise gem. Zimt
250 g Butter
100 g Zucker
3 Eigelb (Größe M)

3 EL Weizenmehl zum Bestäuben

Für die Füllung:
200 g abgezogene, ganze Mandeln
500 g Schlagsahne
500 g Zartbitter-Kuvertüre
150 g weiße Mini-Marshmallows
40 g Pistazienkerne

Für den Guss:
100 g Zartbitter-Kuvertüre
100 g Schlagsahne

Zubereitungszeit: 70 Minuten, ohne Kühlzeit (etwa 9 Stunden)
Backzeit: Blüten etwa 13 Minuten, Böden etwa 18 Minuten je Backblech

• Den Saft sirupartig auf 1 Esslöffel einkochen, abkühlen lassen. Mehl mit Salz, Muskat, Zimt, Butter, Zucker und Eigelb mit dem Mixer (Knethaken) auf höchster Stufe zu einem glatten Teig verkneten. In Frischhaltefolie gewickelt 2–3 Stunden in den Kühlschrank legen.

• Den Teig geschmeidig kneten. 250 g abnehmen, mit dem Sirup verkneten und zu einer etwa 20 cm langen Rolle formen. Restlichen Teig auf der mit Mehl bestäubten Arbeitsfläche zu einem Rechteck (etwa 20 x 13 cm) ausrollen. Die rote Teigrolle darin einwickeln, mit Mehl bestäuben und zu einem etwa 50 cm langen Strang ausrollen. Den Teigstrang zusammenlegen, zu einer Rolle formen und wieder auf etwa 50 cm Länge ausrollen. Teig zu einer Schnecke aufrollen.

• Den Backofen vorheizen. Ober-/Unterhitze: etwa 160 °C, Heißluft: etwa 140 °C. Die Teigschnecke mit Mehl bestäuben, etwa ½ cm dick ausrollen. 12 Blüten (Ø je 6 cm) ausstechen, auf ein Backblech (mit Backpapier belegt) legen. Das Backblech in den vorgeheizten Backofen schieben. Die Gebäckblüten **etwa 13 Minuten hellbraun backen.** Die Blüten mit dem Backpapier vom Backblech auf einen Kuchenrost ziehen und erkalten lassen.

• Einen flexiblen Tortenring auf 18 cm Durchmesser ausziehen. Restlichen Teig etwa ½ cm dick ausrollen. Mit dem Tortenring insgesamt 4 Platten (Ø je 18 cm) ausstechen. Die Platten auf zwei Backbleche (mit Backpapier belegt) legen, mit einer Gabel mehrmals einstechen. Die Backbleche nacheinander (bei Heißluft zusammen) in den vorgeheizten Backofen schieben. Die Gebäckplatten **etwa 18 Minuten je Backblech backen.**

• Die Gebäckplatten mit dem Backpapier von den Backblechen auf Kuchenroste ziehen und erkalten lassen. Für die Füllung Mandeln auf einem Backblech verteilen und in dem heißen Backofen bei gleicher Backofentemperatur **etwa 10 Minuten goldbraun rösten.** Das Backblech aus dem Backofen nehmen und die Mandeln auf Zimmertemperatur abkühlen lassen.

• Die Sahne in einem Topf auf etwa 45 °C erhitzen. Die Kuvertüre grob hacken, in die heiße Sahne geben und unter Rühren schmelzen, evtl. nochmals leicht erhitzen. Die Schokoladencreme etwa 30 Minuten in den Kühlschrank stellen, bis sie zähfließend ist. Eine Gebäckplatte auf einen Servierteller legen. Den Tortenring darumstellen. Den Boden mit je einem Viertel der Marshmallows, gerösteten Mandeln und Pistazienkerne bestreuen. Ein Viertel der Schokoladencreme daraufgeben und glatt streichen. Die zweite Gebäckplatte darauflegen. Mit den restlichen Zutaten so fortfahren, bis alle Zutaten aufgeschichtet sind. Die Torte mindestens 5 Stunden in den Kühlschrank stellen.

• Kuvertüre wie beschrieben in der Sahne schmelzen, auf Zimmertemperatur abkühlen lassen, bis sie dickflüssig ist. Die Torte aus dem Tortenring lösen und mit der Kuvertüremasse übergießen. Die herunterlaufende Kuvertüre mit einer Palette an den Rand streichen. Die Torte mit den Gebäckblüten garnieren und bis zum Servieren in den Kühlschrank stellen.

Camouflage-Gugelhupf

Zum Vorbereiten:
100 g TK-Heidelbeeren
100 g TK-Erdbeeren
100 g TK-Sauerkirschen

Für den Teig:
300 g Butter (zimmerwarm)
300 g feiner Zucker
6 Eier (Größe M)
100 g abgezogene, gem. Mandeln
450 g Weizenmehl
3 gestr. TL Dr. Oetker Backin
1 gestr. TL Natron
je 1 Msp. Speisefarbpaste (rubinrot und rot)
40 ml Zitronensaft

Außerdem für die Form:
20 g Butter oder Margarine (zimmerwarm)
20 g Weizenmehl

Zubereitungszeit: 40 Minuten, ohne Auftau- und Abkühlzeit
Backzeit: etwa 55 Minuten

- Zum Vorbereiten die TK-Früchte getrennt in 3 Schüsseln nach Packungsanleitung auftauen lassen.

- Die aufgetauten Früchte mit dem Saft getrennt nacheinander pürieren.

- Den Backofen vorheizen. Ober-/Unterhitze: etwa 180 °C, Heißluft: etwa 160 °C.

- Eine Gugelhupfform (Ø 24 cm) mit Butter oder Margarine bestreichen und mit Mehl bestäuben, überschüssiges Mehl herausklopfen. Die Form in den Kühlschrank stellen.

- Für den Teig Butter mit einem Mixer (Rührstäbe) auf höchster Stufe geschmeidig rühren. Nach und nach Zucker unterrühren, weitere 4 Minuten schlagen. Eier nach und nach unterrühren (jedes Ei etwa ½ Minute). Mandeln mit Mehl, Backpulver und Natron mischen, in 2–3 Portionen kurz auf mittlerer Stufe unter die Butter-Eier-Masse rühren.

- Den Teig in 4 gleich große Portionen (je etwa 400 g) teilen. Jede Portion in eine Schüssel geben. Eine Teigportion mit Heidelbeerpüree, eine mit Erdbeerpüree und etwas roter Speisefarbpaste und eine mit Sauerkirschpüree und etwas rubinroter Speisefarbpaste (Step 1) verrühren. Den hellen Teig mit Zitronensaft verrühren.

- Die vier Teige abwechselnd und esslöffelweise in die vorbereitete Gugelhupfform geben (Step 2) und nicht verstreichen.

- Die Form auf dem Rost in den vorgeheizten Backofen schieben. Den Camouflage-Gugelhupf **etwa 55 Minuten backen.**

- Die Form nach etwa 30 Minuten Backzeit mit Backpapier belegen, damit der Kuchen nicht zu dunkel wird.

- Die Form auf einen Kuchenrost stellen. Den Kuchen etwa 15 Minuten in der Form abkühlen lassen, dann aus der Form stürzen und auf dem Kuchenrost erkalten lassen.

Kirschwickeltorte

500 g TK-Sauerkirschen
50 g Zucker

Für den Biskuitteig:
6 Eier (Größe M)
90 g Zucker
140 g Weizenmehl

20 g Zucker zum Bestreuen

Für die Füllung:
3 Blatt weiße Gelatine
1 Pck. Dr. Oetker Pudding-Pulver Vanille-Geschmack
600 g Schlagsahne (mind. 32 % Fett)
60 g Zucker

Zum Garnieren:
150 g Zartbitter-Kuvertüre
etwa 10 g rote Zuckerperlen

Zubereitungszeit: 70 Minuten, ohne Auftau-, Kühl- und Anfrierzeit (Kühlzeit mind. 12 Stunden)
Backzeit: etwa 14 Minuten

• Sauerkirschen in einen hohen Messbecher geben, mit Zucker bestreuen und nach Packungsanleitung auftauen, Backofen vorheizen. Ober-/Unterhitze: etwa 180 °C, Heißluft: etwa 160 °C. Für den Teig Eier mit einem Mixer (Rührstäbe) auf höchster Stufe in etwa 1 Minute schaumig schlagen. Zucker in 1 Minute unter Rühren einstreuen, weitere 3 Minuten schlagen. Mehl auf die Eiercreme geben, kurz auf niedrigster Stufe unterrühren. Teig auf einem Backblech (30 x 40 cm, mit Backpapier belegt) glatt verstreichen und in den vorgeheizten Backofen schieben. Die Biskuitplatte **etwa 14 Minuten goldbraun backen.** Einen Bogen Backpapier in Backblechgröße mit Zucker bestreuen. Biskuitplatte daraufstürzen. Mitgebackenes Backpapier sofort vorsichtig abziehen und wieder auf die Biskuitplatte legen. Biskuitplatte erkalten lassen.

• Gelatine nach Packungsanleitung einweichen. Aufgetaute Sauerkirschen mit Wasser auf 600 ml auffüllen und fein pürieren. 500 ml Sauerkirschpüree in einem Topf zum Kochen bringen. 100 ml Sauerkirschpüree mit dem Pudding-Pulver verrühren, unter das Sauerkirschpüree rühren und unter Rühren aufkochen. Topf von der Kochstelle nehmen. Eingeweichte Gelatine ausdrücken, zum Sauerkirschpudding geben und unter Rühren auflösen. Puddingmasse erkalten lassen. 400 g der Sahne steif schlagen, 40 g Zucker unterschlagen. Kirschpudding glatt rühren.

• Biskuitplatte in drei Streifen (je etwa 10 x 40 cm) schneiden. Nacheinander Kirschpudding und Sahne auf den Streifen verteilen und glatt streichen. Einen Biskuitstreifen zu einer Schnecke aufrollen und in die Mitte einer Tortenplatte stellen. Restliche Streifen nacheinander darumwickeln. Einen Tortenring darumstellen und leicht zusammenziehen und zugedeckt mindestens 10 Stunden in den Kühlschrank stellen.

• Tortenring lösen und entfernen. Restliche Sahne cremig steif schlagen, restlichen Zucker unterschlagen. Tortenoberfläche und -rand mit Sahne bestreichen. Torte 1 Stunde in den Gefrierschrank stellen, sodass die äußere Sahneschicht leicht gefriert. Kuvertüre in Stücke hacken, in einem Topf im Wasserbad bei schwacher Hitze unter Rühren schmelzen. ¾ der Kuvertüre mit einem Teelöffel in Form von verschlungenen Linien auf zwei Streifen Backpapier (etwa 10 x 32 cm) träufeln, einige Minuten anziehen lassen. Dann die Backpapierstreifen um die Torte legen. Schokoladen-Ornamente andrücken. Torte einige Minuten in den Kühlschrank stellen.

• Mit der restlichen Kuvertüre ein Ornament für die Tortenoberfläche auf ein Stück Backpapier träufeln und fest werden lassen. Torte aus dem Kühlschrank nehmen. Backpapierstreifen vorsichtig von den Ornamenten lösen. Das Ornament für die Oberfläche vom Papier lösen und die Torte damit garnieren. Zuckerperlen an den unteren Tortenrand legen. Torte bis zum Servieren in den Kühlschrank stellen.

Rautenkuchen

200 g TK-Heidelbeeren

Für die Creme:
500 ml schwarzer Johannisbeernektar
60 g Zucker
1 Pck. Dr. Oetker Pudding-Pulver Vanille-Geschmack

Für den Teig:
200 g abgetropfte Aprikosenhälften (aus der Dose)
300 g Butter (zimmerwarm)
250 g Zucker
8 Eier (Größe M)
200 g abgezogene, gem. Mandeln
400 g Weizenmehl
1 Pck. Dr. Oetker Backin
1 Msp. rote und gelbe Speisefarbpaste

250 g Butter (zimmerwarm)

100 g Zartbitter-Kuvertüre (für etwa 40 g gehobelte Kuvertüre)

Zubereitungszeit: 70 Minuten, ohne Auftau- und Kühlzeit (Kühlzeit mind. 12 Stunden)
Backzeit: etwa 30 Minuten

• Heidelbeeren nach Packungsanleitung auftauen lassen. Für die Creme 450 ml Johannisbeernektar in einem Topf mit Zucker zum Kochen bringen. Pudding-Pulver mit restlichem Nektar anrühren, unter den von der Kochstelle genommenen Saft rühren und unter Rühren aufkochen lassen. Frischhaltefolie direkt auf den heißen Pudding legen, Pudding bei Zimmertemperatur erkalten lassen. Backofen vorheizen. Ober-/Unterhitze: etwa 180 °C, Heißluft: etwa 160 °C.

• Einen Backrahmen (24 x 30 cm) auf ein Backblech stellen. Einen 30 cm langen Bogen Backpapier so falten, dass zwei 12 cm breite Kammern entstehen. Backpapier in den Backrahmen legen. Für den Teig aufgetaute Heidelbeeren fein pürieren und durch ein Sieb streichen. Aprikosenhälften fein pürieren. Butter mit einem Mixer (Rührstäbe) auf höchster Stufe schaumig schlagen. Nach und nach Zucker unterschlagen. Eier nach und nach unterrühren (jedes Ei etwa ½ Minute), Mandeln kurz unterrühren. Mehl mit Backpulver mischen, in 2 Portionen kurz auf mittlerer Stufe unter den Teig rühren.

• Den Teig halbieren (jeweils 750 g). Eine Teighälfte mit Heidelbeerpüree und roter Farbpaste verrühren. Zweite Teighälfte mit Aprikosenpüree und gelber Farbpaste verrühren. Teige jeweils in eine der Kammern (Backblech) füllen und glatt streichen (Step 1). Backblech in den vorgeheizten Backofen schieben. Kuchen **etwa 30 Minuten backen.** Backblech auf einen Kuchenrost stellen, Kuchen erkalten lassen. Kuchen vom Backpapier lösen und aus der Form nehmen. Beide Kuchen jeweils der Länge nach in vier Streifen (etwa 3 cm Höhe, etwa 4 cm Breite) schneiden. Jeden Gebäckstreifen der Länge nach diagonal, kreuzweise durchschneiden. Ergibt jeweils 4 dreieckige Streifen (Step 2).

• Butter mit einem Mixer (Rührstäbe) auf höchster Stufe etwa 3 Minuten schaumig schlagen. Pudding glatt rühren und esslöffelweise unter die Butter schlagen. Drei Viertel der Creme in einen Spritzbeutel mit Lochtülle (Ø 10 mm) füllen. Drei gelbe Gebäckstreifen mit der breiten Seite nach unten (Spitze zeigt nach oben) auf die Arbeitsfläche legen. Auf die beiden schrägen Seiten jeweils einen dünnen Streifen Creme spritzen und glatt streichen. Darauf jeweils der Länge nach einen roten Streifen, mit der breiten Seite nach außen (Spitze nach innen) legen und andrücken.

• Wieder 3 gelbe Gebäckstreifen mit der breiten Seite nach unten (Spitze zeigt nach oben) auf die Arbeitsfläche legen. Wieder auf die beiden schrägen Seiten jeweils einem dünnen Streifen Creme spritzen und glatt streichen. Dann die Streifen, jeweils der Länge nach mit der Spitze nach unten in die offene Seite der vorbereiteten 3er Streifenblöcke legen und andrücken.

• So insgesamt 8 bunte Streifenblöcke herstellen. Von jedem Streifenblock ein etwa 4 cm langes Stück abschneiden und mit etwas Creme zu einem neunten Block zusammensetzen. Für eine Lage jeweils 3 bunte Blöcke so nebeneinanderlegen, dass die gelben Dreiecke wieder oben und unten liegen. Die Blöcke mit Creme zusammensetzen. Oberfläche mit Creme bestreichen. Auf die gleiche Weise die zweite und dritte Lage darauflegen. Den zusammengesetzten Streifen für die Mitte verwenden. Zusammengesetzten Kuchen mit der restlichen Creme bestreichen. Kuvertüre mit einem Sparschäler dünn hobeln, die Kuchenoberfläche dick damit bestreuen. Den Kuchen zugedeckt in den Kühlschrank stellen. Kuchen mindestens 1 Stunde vor dem Servieren aus dem Kühlschrank nehmen und bei Zimmertemperatur temperieren, sonst ist die Creme hart und verliert an Geschmack.

Battenberg-Cake

100 g TK-Erdbeeren
40 g Zucker
evtl. 1 Tropfen rote Speisefarbe

Für den Biskuitteig:
10 Eier (Größe M)
150 g Zucker
180 g Weizenmehl
1 gestr. TL Dr. Oetker Backin
150 g abgezogene, gem. Mandeln
evtl. 1–2 Tropfen gelbe Speisefarbe

Für den Vanille-Läuterzucker:
125 ml Wasser
30 g Zucker
1 Vanilleschote

Zum Bestreichen und Garnieren:
130 g Aprikosenkonfitüre
300 g Marzipan–Rohmasse
etwa 70 g Puderzucker

Zubereitungszeit: 70 Minuten,
ohne Auftau-, Abkühl- und Durchziehzeit
(mind. 1 Tag Durchziehzeit)
Backzeit: etwa 40 Minuten

- Die Erdbeeren in eine kleine Schüssel geben, mit Zucker bestreuen und auftauen lassen. Erdbeeren fein pürieren, nach Belieben rote Speisefarbe unterrühren. Zwei Kastenformen (30 x 11 cm) mit Backpapier auslegen. Backofen vorheizen. Ober-/Unterhitze: etwa 180 °C, Heißluft: etwa 160 °C.

- Für den Teig Eier mit einem Mixer (Rührstäbe) auf höchster Stufe etwa 1 Minute schaumig schlagen. Zucker in 1 Minute unter Rühren einstreuen, weitere 8 Minuten schlagen, bis eine feste Masse entstanden ist. Mehl mit Backpulver mischen, in 2 Portionen kurz auf niedrigster Stufe unterrühren, Mandeln unterheben. Den Teig halbieren. Eine Teighälfte nach Belieben mit gelber Speisefarbe verrühren. Das Erdbeerpüree vorsichtig unter die zweite Teighälfte rühren. Die beiden Teige getrennt in je eine vorbereitete Kastenform füllen. Die Formen nebeneinander auf einen Kuchenrost stellen und in den vorgeheizten Backofen schieben. Kuchen **etwa 40 Minuten backen.**

- Inzwischen für den Läuterzucker Wasser und Zucker in einem Topf zum Kochen bringen. Vanilleschote längs aufschneiden, Mark mit einem Messerrücken herausschaben. Vanillemark und -schote zum Zuckerwasser geben, aufkochen und mindestens 20 Minuten ziehen lassen. Den Vanille-Läuterzucker abkühlen lassen, Vanilleschote entfernen.

- Die Formen aus dem Backofen nehmen und auf einen Kuchenrost stellen. Kuchen in den Formen erkalten lassen, dann mit dem Vanille-Läuterzucker beträufeln. Zum Bestreichen die Kuchen aus den Formen stürzen, wieder umdrehen und jeweils die Oberfläche gerade schneiden, die Kuchen sollten gleich hoch sein. Beide Kuchen der Länge nach einmal durchschneiden. Die Schnittflächen mit der Hälfte der Konfitüre bestreichen. Abwechselnd jeweils einen roten und einen gelben Kuchenstreifen neben- und aufeinanderlegen, dabei darauf achten, dass die braunen Kanten außen sind. Die 4 Streifen leicht zusammendrücken.

- Zum Garnieren Marzipan mit 50 g Puderzucker verkneten und auf einer leicht mit Puderzucker bestäubten Arbeitsfläche zu einem Rechteck (etwa 30 x 33 cm) ausrollen. Eine lange Seite des Kuchens mit etwas Aprikosenkonfitüre bestreichen. Den Kuchen mit der bestrichenen Seite nach unten auf die etwa 30 cm lange Seite der Marzipanplatte legen. Die restlichen 3 Seiten des Kuchens mit Konfitüre bestreichen. Die Marzipanplatte um den Kuchen wickeln und rundherum andrücken, evtl. überstehende Ränder abschneiden (die Kuchenenden nicht bestreichen oder einkleiden). Mit einer Pinzette oder einem Holzstäbchen verschiedene Muster in die Marzipandecke drücken. Kuchen in Frischhaltefolie wickeln und mindestens 1 Tag durchziehen lassen, er kann 1 Woche im Kühlschrank aufbewahrt werden.

Flammentorte

Für den Teig:
2 Bio-Orangen
(unbehandelt, ungewachst)
400 g Butter (zimmerwarm)
170 g Zucker
100 g flüssiger Honig
1 Pck. Dr. Oetker
Bourbon-Vanille-Zucker
9 Eier (Größe M)
480 g Weizenmehl
2 gestr. TL Dr. Oetker Backin
½ gestr. TL Natron
200 g abgezogene, gem. Mandeln
1 Msp. rote Speisefarbpaste
1 EL gesiebtes Kakaopulver

Zum Tränken:
Saft von 2 Bio-Orangen
(von den Orangen, für den Teig)

Für die Ananas-Buttercreme:
500 ml Ananassaft
1 Pck. Dr. Oetker Pudding-Pulver
Vanille-Geschmack
50 g Zucker
250 g Butter (zimmerwarm)
50 g Puderzucker
1 Msp. rote Speisefarbpaste

Zubereitungszeit: 60 Minuten, ohne Abkühlzeit
Backzeit: etwa 95 Minuten

- Eine Tarteform mit Alufolie belegen. Flexiblen Tortenring mit 9 cm Höhe auf 20 cm Durchmesser ausziehen, in die belegte Form stellen. Überstehende Folie zum Ring hin einrollen, andrücken. Backofen vorheizen. Ober-/Unterhitze: etwa 160 °C, Heißluft: etwa 140 °C.

- Für den Teig Orangen heiß abwaschen, abtrocknen und die Schale fein abreiben. Orangen halbieren und auspressen, Saft beiseitestellen. Butter, Zucker, Honig, Vanille-Zucker und Orangenschale in die Rührschüssel der Küchenmaschine geben und mit den Rührstäben etwa 4 Minuten schaumig schlagen. Eier nacheinander unterschlagen. Mehl, Backpulver, Natron und Mandeln mischen und in 2 Portionen kurz unter die Buttermischung rühren.

- 400 g Teig abnehmen und mit roter Speisefarbpaste verrühren. 100 g von dem restlichen Teig abnehmen und mit Kakao verrühren. Restlichen Teig in den vorbereiteten Tortenring geben und glatt streichen. Den roten Teig in einen Spritzbeutel mit Lochtülle (Ø 12–14 mm) füllen. Den Spritzbeutel auf den Boden des hellen Teiges drücken, langsam nach oben ziehen, dabei den roten Teig als dicken Streifen in den hellen Teig drücken. Auf diese Weise 7–8 rote Streifen in den hellen Teig spritzen. Den Spritzbeutel säubern, den Kakaoteig einfüllen und bis zur Hälfte in den Teig drücken, wie beschrieben etwa 5 dunkle Streifen in den Teig drücken.

- Die Form auf dem Rost in den vorgeheizten Backofen (untere Schiene) schieben. Die Torte **etwa 95 Minuten backen.** Die Form auf einen Kuchenrost stellen. Die Torte mit einem Holzstäbchen mehrfach einstechen. Beiseitegestellten Orangensaft auf die Torte träufeln. Die Torte in dem Tortenring erkalten lassen.

- Für die Buttercreme 6 Esslöffel Ananassaft mit Pudding-Pulver anrühren. Restlichen Ananassaft mit Zucker in einem Topf zum Kochen bringen. Angerührtes Pudding-Pulver in den von der Kochstelle genommenen Saft rühren und unter Rühren aufkochen lassen. Frischhaltefolie direkt auf den Pudding legen, den Pudding auf Zimmertemperatur erkalten lassen. Torte aus dem Tortenring lösen, umdrehen und die Alufolie abziehen. Torte wieder umdrehen und auf einen Teller setzen. Butter und Puderzucker mit dem Mixer (Rührstäbe) etwa 5 Minuten sehr schaumig schlagen. Den Pudding esslöffelweise unter die Buttermasse schlagen. Zwei Esslöffel der Creme mit der Speisefarbpaste verrühren. Restliche Creme auf Tortenoberfläche und -rand streichen. 1 Esslöffel rote Creme mit einem Teelöffel wolkenförmig auf der Tortenoberfläche verteilen. Restliche rote Creme mit einem Teigschaber glatt an den Tortenrand streichen.

- Die Torte kann im Kühlschrank 1 Tag aufbewahrt werden. Die Torte 4–5 Stunden vor dem Servieren aus dem Kühlschrank nehmen und Zimmertemperatur annehmen lassen.

Regenbogenkuchen

je 1 Msp. rote, gelbe, hellgrüne Speisefarbpaste

Für den Teig:
6 Eier (Größe M)
120 ml Orangensaft
200 g Zucker
1 Pck. Dr. Oetker Bourbon-Vanille-Zucker
300 ml neutrales Speiseöl, z. B. Keimöl
350 g Weizenmehl
1 Pck. Dr. Oetker Backin

Zum Garnieren und Bestreichen:
3 Orangen
200 g Aprikosenkonfitüre
150 g frische Himbeeren

Zubereitungszeit: 50 Minuten, ohne Abkühlzeit
Backzeit: etwa 65 Minuten

• Einen flexiblen Tortenring mit 9 cm Höhe auf 22 cm Durchmesser ausziehen. Ein Stück Backpapier auf ein Backblech legen, den Tortenring daraufstellen. Das Backpapier rundherum hochklappen und die Ecken zusammendrehen. Das Papier mit Küchengarn umwickeln und festbinden. Backofen vorheizen. Ober-/Unterhitze: etwa 180 °C, Heißluft: etwa 160 °C. Speisefarbpasten in je einer kleinen Tasse mit je 1 Teelöffel warmem Wasser auflösen.

• Für den Teig Eier und Orangensaft in einer Rührschüssel mit einem Mixer (Rührstäbe) auf höchster Stufe in etwa 1 Minute schaumig schlagen. Zucker und Vanille-Zucker mischen, in 1 Minute unter Rühren einstreuen, weitere 4 Minuten schlagen, bis ein elastischer Schaum entstanden ist. Speiseöl hinzugießen und kurz unterschlagen. Mehl mit Backpulver mischen und in 2 Portionen kurz auf niedrigster Stufe unterrühren.

• Den Teig in drei Schüsseln verteilen. Jeweils eine angerührte Speisefarbe in eine Schüssel geben und vorsichtig unter den Teig heben. Zwei Esslöffel des gelben Teiges in die Mitte der vorbereiteten Backform geben (Step 1). Dann zwei Esslöffel des roten Teiges in die Mitte geben (Step 2). Darauf zwei Esslöffel des grünen Teiges geben (Step 3). So fortfahren, bis der Teig aufgebraucht ist (Step 4). Die Backform auf dem Backblech in den vorgeheizten Backofen schieben. Den Kuchen **etwa 65 Minuten backen.** Die Kuchenoberfläche nach etwa 30 Minuten mit Alufolie zudecken.

• Das Backblech auf einen Kuchenrost stellen. Den Kuchen in der Form erkalten lassen, dann aus der Form lösen und auf eine Tortenplatte setzen. Krümel mit einem Pinsel entfernen.

• Zum Garnieren und Bestreichen die Orangen so schälen, dass die weiße Haut mit entfernt wird. Die Orangen in dünne Scheiben schneiden und auf Küchenpapier abtropfen lassen. Die Aprikosenkonfitüre in einem kleinen Topf glatt rühren und kräftig aufkochen. Den Kuchen damit rundherum einstreichen, dabei 1 Esslöffel Konfitüre abnehmen. Die Orangenscheiben mit der abgetropften Seite nach unten auf die Kuchenoberfläche und den Kuchenrand legen und leicht andrücken. Die Himbeeren verlesen und mit der abgenommenen Aprikosenkonfitüre auf die Kuchenmitte geben.

Tipp: Anstelle des Backpapiers können Sie den Tortenring auch auf einen Bogen Alufolie stellen. Die überstehende Folie dann einfach einrollen. Die Alufolie muss nicht mit Küchengarn festgebunden werden.

Rosa Hauben-Brioche

Für den Teig:
10 g frische Hefe
2 EL warme Milch
280 g Weizenmehl
5 g Salz
70 g Zucker
3 Eier (Größe M, zimmerwarm)
200 g Butter (zimmerwarm)

150 ml Rote-Bete-Saft
1 Ei (Größe M)

Für die Johannisbeer-Buttercreme:
500 ml roter Johannisbeernektar
1 Pck. Dr. Oetker Pudding-Pulver Vanille-Geschmack
70 g Zucker
250 g Butter (zimmerwarm)
50 g Puderzucker

50 g rote Johannisbeeren

Außerdem zum Bestäuben:
etwa 100 g Weizenmehl

Zubereitungszeit: 60 Minuten, ohne Teig- bzw. Ruhezeit (mind. 14 ½ Stunden)
Backzeit: etwa 45 Minuten

• Für den Teig Hefe in eine Rührschüssel bröckeln, mit warmer Milch verrühren. Zuerst Mehl, dann Salz und Zucker hinzugeben. Eier hinzufügen, mit dem Mixer (Knethaken) 3–4 Minuten auf höchster Stufe zu einen glatten Teig verkneten. 1 Esslöffel der Butter beiseitestellen. Restliche Butter esslöffelweise auf höchster Stufe unter den Teig kneten, sodass er zäh und elastisch wird. Schüssel mit Frischhaltefolie zudecken. Teig etwa 1 ½ Stunden bei Zimmertemperatur gehen lassen.

• Gegangenen Teig nochmals etwa 2 Minuten mit dem Mixer (Knethaken) auf höchster Stufe verkneten. Die Schüssel wieder mit Frischhaltefolie zudecken und in den Kühlschrank stellen. Teig etwa 12 Stunden ruhen lassen. Einen Bogen Alufolie in eine Tarteform legen. Einen flexiblen Tortenring mit 9 cm Höhe auf 18 cm Durchmesser ausziehen. Tortenring innen mit der beiseitegestellten Butter dünn bestreichen. Den Tortenring in die mit Alufolie belegte Form stellen, die überstehende Folie zum Ring hin einrollen und andrücken.

• Rote-Bete-Saft in einen Topf gießen und auf etwa 1 Esslöffel sirupartig einkochen lassen. Backofen bei Ober-/Unterhitze auf etwa 50 °C vorheizen. Arbeitsfläche mit etwas Mehl bestäuben. Teig halbieren. Eine Teighälfte in der Rührschüssel mit dem Rote-Bete-Sirup verkneten. Beide Teighälften auf die Arbeitsfläche legen und einzeln mit den Händen glatt verkneten, dabei die Teige mit etwas Mehl bestäuben. Beide Teige jeweils vierteln, wieder mit Mehl bestäuben und zu je vier etwa 50 cm langen Rollen formen. Die 8 Rollen abwechselnd, in beliebiger Form in den Tortenring legen, sodass ein Muster entsteht.

• Backofen ausschalten. Form auf dem Rost in den warmen Backofen (untere Schiene) schieben. Briocheteig etwa 1 Stunde im warmen Backofen gehen lassen. Die Form aus dem Backofen nehmen. Den Backofen vorheizen. Ober-/Unterhitze: etwa 180 °C, Heißluft: etwa 160 °C. Ei verschlagen, den Teig damit bestreichen. Die Form wieder auf dem Rost in den vorgeheizten Backofen (untere Schiene) schieben. Brioche **etwa 45 Minuten goldbraun backen.** Brioche in der Form auf einem Kuchenrost erkalten lassen.

• Für die Creme 3 Esslöffel von dem Johannisbeernektar mit Pudding-Pulver anrühren. Restlichen Nektar mit Zucker in einem Topf zum Kochen bringen. Angerührtes Pudding-Pulver in den von der Kochstelle genommenen Nektar rühren und unter Rühren aufkochen lassen. Frischhaltefolie direkt auf den Pudding legen, Pudding auf Zimmertemperatur erkalten lassen. Butter und Puderzucker in einer Schüssel mit dem Mixer (Rührstäbe) etwa 4 Minuten auf höchster Stufe schaumig schlagen. Pudding kurz durchrühren und esslöffelweise unter die Butter schlagen. Die Creme wolkenartig auf der Brioche verteilen. Johannisbeeren abspülen, trocken tupfen, entstielen und auf der Creme verteilen.

Ratgeber

Küchenthermometer
Für die Zubereitung von Buttercreme nicht wegzudenken. Wenn Pudding und Butter nicht die gleiche Temperatur haben, gerinnt die Creme beim Aufschlagen. Deshalb sollte die Temperatur von Pudding und Butter vor der Zubereitung gemessen werden (Step 1). Ist ein Teil kälter, wird es im Wasserbad leicht angewärmt. Sollte die Buttercreme beim Aufschlagen anfangen zu gerinnen, sofort aufhören zu schlagen. Manchmal gelingt es, die Creme zu retten, wenn ein sehr frisches Eigelb (Legedatum beachten, nicht älter als 5 Tage) untergerührt wird.

Tipps: Den Pudding immer bei Zimmertemperatur abkühlen lassen. Sobald der Pudding gekocht ist, die Butter aus dem Kühlschrank nehmen. Dann hat sie die richtige Temperatur. Wer wenig Zeit hat, die Buttercremes aus dem Buch zuzubereiten, kann stattdessen auch Dr. Oetker Tortencreme verwenden.

Flexibler Tortenring
So kann man die stylischen Kuchen und Torten in der richtigen Höhe und Größe backen. Der Tortenring sollte eine Höhe von 9 cm haben und sich von 16 cm auf 30 cm Durchmesser ausziehen lassen. Auf Alufolie gesetzt, wird die Folie einfach an den Tortenring gerollt und fest angedrückt (Step 2). Manchmal ist es ratsam, zwei Bögen Alufolie zu verwenden, dann läuft garantiert kein Teig aus. Oder man stellt den Tortenring mit Alufolie in eine Tarteform, so läuft nichts in den Backofen.

Vermischen von empfindlichen Teigmassen
In einigen Rezepten werden unterschiedliche Zutaten mit Eischaum (Eischnee) vermischt. Das geht am besten mit einem großen Schneebesen oder mit einem Teigschaber.

Natürliche Farben
Leider ist das Angebot der Naturfarben, die gut färben, etwas begrenzt.

- Rote-Bete-Saft: Ist der perfekte rot/lila Farbstoff (Step 3). Er sollte vor der Verwendung sirupartig eingekocht werden. Das erhöht den Färbegrad.
- Safran, gemahlen: Mit etwas heißem Wasser anrühren und unter Cremes oder Teige mischen.
- Spinatmatte: Sehr aufwendig, aber machbar. 1–2 kg frischen Spinat in kochendem Wasser blanchieren, mit kaltem Wasser abschrecken, abtropfen lassen und anschließend pürieren. Spinat in ein feines Sieb geben, Saft auffangen und zum Kochen bringen. Es setzt sich dann das Chlorophyll (Pflanzenfarbstoff) an der Oberfläche ab. Diese Schicht mit einem Schaumlöffel abnehmen. Der grüne Farbstoff kann für Torten und Cremes verwendet werden.
- Fruchtpürees: Viele Früchte sind farbintensiv. Sie sollten möglichst nicht erhitzt werden, da sie sonst grau werden können.

Naturfarben bekommen Sie auch im Internet.

Künstliche Farben
Speisefarbpasten (Step 4): Man braucht nur sehr wenig davon, um eine intensive Färbung zu bekommen. Eine kleine Messerspitze reicht meistens.

Die richtige Temperatur für Rührteige
Für Rührteige mit hohem Butteranteil sollten die Zutaten zimmerwarm sein. Bevor Butter aufgeschlagen wird, sollte sie mit der Schüssel kurz in warmes Wasser gestellt und angeschmolzen werden. Die Eier niemals kalt hinzufügen. Sie sollten 1–2 Stunden vor der Verwendung aus dem Kühlschrank genommen werden.

1
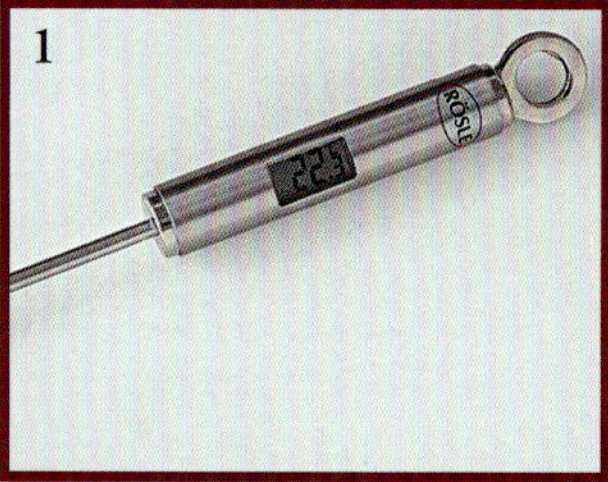

2

3

4

Rollfondant

Gibt es in unterschiedlichen Farben und Qualitäten. Weißer Rollfondant kann mit Speisefarbpasten gefärbt werden (Rollfondant immer mit Pasten einfärben, damit die Konsistenz des Fondants erhalten bleibt). Fondant lässt sich am besten auf einer guten Silikonunterlage oder auf einer Marmorplatte ausrollen. Rollfondant in einem Gefrierbeutel oder fest in Frischhaltefolie gewickelt aufbewahren (nicht im Kühlschrank). Auch dann, wenn er nur kurze Zeit nicht bearbeitet wird. Er trocknet sonst an und lässt sich nicht mehr verarbeiten. Damit Rollfondant nicht am Untergrund klebt, kann man den Untergrund und den Fondant mit einem Gemisch aus Puderzucker und Speisestärke dünn bestäuben.

Marzipan-Rohmasse

Nicht jede Marzipansorte eignet sich zum Formen, z. B. von feinen Blütenblättern. Gut ist es, das vor Beginn zu testen.

Sahne schlagen

Sahne immer gekühlt schlagen. Auch die Rührschüssel sollte nach Möglichkeit vorgekühlt sein. Sahne mit einem Fettgehalt von mindestens 32 % lässt sich besser aufschlagen. Sahne nicht zu lange schlagen, da sich sonst das Fett vom Wasser trennt.

Allgemeine Hinweise zu den Rezepten

Lesen Sie bitte vor der Zubereitung – besser noch vor dem Einkauf – das Rezept einmal vollständig durch. Oft werden Arbeitsabläufe oder -zusammenhänge dann klarer.

Extratipp: Wollen Sie mit Ihrer Tortenkunst punkten, backen Sie das Rezept sicherheitshalber einmal zur Probe.

Zutatenliste

Die Zutaten sind in der Reihenfolge ihrer Verarbeitung aufgeführt.

Arbeitsschritte

Die Arbeitsschritte sind einzeln hervorgehoben, in der Reihenfolge, in der sie von uns ausprobiert wurden.

Zubereitungszeiten

Die Zubereitungszeit ist ein Anhaltswert für die Dauer der Vorbereitung und die eigentliche Zubereitung. Längere Wartezeiten wie Kühl- oder Abkühlzeiten, Auftau- und Durchziehzeiten sind, sofern parallel keine weitere Tätigkeit erfolgt, nicht in der Zubereitungszeit enthalten. Die Backzeiten werden gesondert ausgewiesen.

Backofeneinstellung und Backzeiten

Die in den Rezepten angegebenen Backtemperaturen und Backzeiten sind Richtwerte, die je nach individueller Hitzeleistung Ihres Backofens über- oder unterschritten werden können. Machen Sie nach Beendigung der angegebenen Backzeit eine Garprobe. Die Temperaturangaben in diesem Buch beziehen sich auf Elektrobacköfen. Die Temperatureinstellungsmöglichkeiten für Gasbacköfen variieren je nach Hersteller, sodass wir keine allgemeingültigen Angaben machen können. Bitte beachten Sie deshalb bei der Einstellung des Backofens die Gebrauchsanleitung des Herstellers. Ein Backofenthermometer eignet sich dabei gut, um die Backofentemperatur im Blick zu haben.

Einschubhöhe

Hohe und halbhohe Formen werden im Allgemeinen auf dem Rost auf die untere Einschubleiste geschoben, flache Formen auf die mittlere Einschubleiste. Abweichungen sind möglich und von der Ausführung Ihres Backofens abhängig. Beachten Sie daher auch die Angaben Ihres Herstellers.

Nur frische Eier verwenden

Bei der Zubereitung von Torten oder Tortenfüllungen mit frischen Eiern, die später nicht gebacken werden, nur Eier verwenden, die nicht älter als 5 Tage sind (Legedatum beachten!). Ei bzw. Eier in eine Rühr- oder Edelstahlschüssel geben und im heißen Wasserbad mit einem Mixer (Rührstäbe) bei mittlerer Hitze aufschlagen, bis eine Temperatur von etwa 70 °C entstanden ist. Die Torten im Kühlschrank aufbewahren und innerhalb von 24 Stunden verzehren.

Abkürzungen

EL =	Esslöffel	evtl. =	eventuell
TL =	Teelöffel	geh. =	gehäuft
Msp. =	Messerspitze	gestr. =	gestrichen
Pck. =	Packung/Päckchen	gem. =	gemahlen
g =	Gramm	ger. =	gerieben
kg =	Kilogramm	TK =	Tiefkühlprodukt
ml =	Milliliter	°C =	Grad Celsius
l =	Liter	Ø =	Durchmesser

Kapitelregister

Klassisch & verrückt

Hoch Hinaus

Mit Glanz und Stil

Bunt und wild

A-Z

Impressum

Für Fragen, Vorschläge oder Anregungen stehen Ihnen der Verbraucherservice der Dr. Oetker Versuchsküche Telefon: 0 08 00 71 72 73 74 Mo.–Fr. 8:00–18:00 Uhr, Sa. 9:00–15:00 Uhr (gebührenfrei in Deutschland) oder die Mitarbeiter des Dr. Oetker Verlages Telefon: +49 (0) 521 5206 50 Mo.–Fr. 9:00–15:00 Uhr zur Verfügung. Schreiben Sie uns: Dr. Oetker Verlag KG, Am Bach 11, 33602 Bielefeld oder besuchen Sie uns im Internet unter www.oetker-verlag.de, www.facebook.com/Dr. Oetker Verlag oder www.oetker.de.

Umwelthinweis
Dieses Buch und der Einband wurden auf chlorfrei gebleichtem Papier gedruckt. Die Einschrumpffolie – zum Schutz vor Verschmutzung – ist aus umweltfreundlichem und recyclingfähigem PE-Material.

Redaktion
Carola Reich, Annette Riesenberg

Titelfoto
Walter Cimbal, Hamburg

Innenfotos
Walter Cimbal, Hamburg

Grafisches Konzept und Titelgestaltung
FUCHS_DESIGN, Sabine Fuchs, München

Satz
FUCHS_DESIGN, Antje Driemeyer, Sabine Fuchs
München

Idee, Realisation, Rezeptentwicklung und -styling
Hermann Rottmann, Hamburg

Rezeptberatung und -nacharbeit
Anke Rabeler, Berlin

Reproduktionen
Repro Ludwig, Zell am See, Österreich

Druck und Bindung
Firmengruppe APPL, aprinta druck, Wemding

ISBN 978-3-7670-0687-4